Gramática y vocabulario
desde la teoría hacia la
práctica en el aula de ELE

SÉRIE SÉRIE LÍNGUA ESPANHOLA EM FOCO

EDITORA
intersaberes

Gramática y vocabulario
desde la teoría hacia la práctica en el aula de ELE

Luzia Schalkoski Dias

Conselho editorial
 Dr. Ivo José Both (presidente)
 Drª. Elena Godoy
 Dr. Nelson Luís Dias
 Dr. Neri dos Santos
 Dr. Ulf Gregor Baranow

Editor-chefe
 Lindsay Azambuja

Editor-assistente
 Ariadne Nunes Wenger

Preparação de originais
 Priscilla Cesar

Capa e projeto gráfico
 Regiane Rosa

Diagramação
 Fabiana Edições

Ilustrações
 Adriano Pinheiro

Iconografia
 Sandra Sebastião

EDITORA intersaberes

Rua Clara Vendramim, 58 – Mossunguê
CEP 81200-170 – Curitiba – PR – Brasil
Fone: (41) 2106-4170
www.intersaberes.com
editora@editoraintersaberes.com.br

Dados Internacionais de Catalogação na Publicação (CIP)
(Câmara Brasileira do Livro, SP, Brasil)

Dias, Luzia Schalkoski
 Gramática y vocabulario: desde la teoría hacia la práctica en el aula de ELE / Luzia Schalkoski Dias. – Curitiba: InterSaberes, 2013. – (Série Língua espanhola em foco).

 ISBN 978-85-8212-794-0

 1. Gramática 2. Linguística 3. Vocabulário
 I. Título. II. Série.

12-13685   CDD-415.07

Índices para catálogo sistemático:
 1. Gramática: Vocabulário: Estudo e ensino:
            Linguística 415.07

1ª edição, 2013.
Foi feito o depósito legal.

Informamos que é de inteira responsabilidade da autora a emissão de conceitos.

Nenhuma parte desta publicação poderá ser reproduzida por qualquer meio ou forma sem a prévia autorização da Editora InterSaberes.

A violação dos direitos autorais é crime estabelecido na Lei nº 9.610/1998 e punido pelo art. 184 do Código Penal.

Índice

Presentación, 9

Introducción, 13

CAPÍTULO 1 – ¿Gramática o gramáticas?, 14

    1.1 La gramática como conjunto de reglas, 16

    1.2 La gramática pedagógica (GP), 22

    1.3 Principales dificultades de los aprendices brasileños, 29

CAPÍTULO 2 – La enseñanza de la gramática, 46

    2.1 Competencia comunicativa, 48

    2.2 El papel de la gramática, 50

    2.3 La enseñanza de la gramática: pros y contras, 55

    2.4 Atención a la forma vs. comunicación, 60

    2.5 ¿Cómo enseñar gramática?, 62

CAPÍTULO 3 – Trabajando con la gramática en la clase de ELE, 74

    3.1 ¿Cuándo enseñar gramática?, 76

    3.2 Formas de practicar la gramática en el aula de ELE, 77

    3.3 La enseñanza basada en tareas (EBT), 82

    3.4 Trabajando con el texto, 88

    3.5 Actividades lúdicas, 93

    3.6 Actividades con música, 96

CAPÍTULO 4 – Contextualizando y teorizando el vocabulario, 106

    4.1 El papel del vocabulario en la enseñanza de LE, 108

    4.2 El vocabulario en los diferentes enfoques metodológicos, 109

    4.3 Léxico, vocabulario y unidades léxicas, 111

    4.4 La organización del léxico mental, 113

    4.5 El enfoque léxico, 115

    4.6 La clasificación de las unidades léxicas en la lengua española, 116

    4.7 Implicaciones de la enseñanza de unidades léxicas, 120

    4.8 La competencia léxica, 121

    4.9 Las relaciones semánticas entre las palabras, 127

    4.10 Algunas consideraciones, 129

CAPÍTULO 5 – El Aprendizaje del vocabulario, 136

    5.1 El papel de la memoria, 138

    5.2 El almacenamiento del léxico mental, 139

    5.3 Formas de memorización, 141

    5.4 Tipos de estrategias de aprendizaje de vocabulario, 143

5.5 ¿Por qué enseñar estrategias de aprendizaje del vocabulario?, 146

5.6 Concienciación sobre las estrategias, 147

5.7 Practicando las estrategias, 149

CAPÍTULO 6 – La enseñanza del vocabulario en la clase de ELE, 156

6.1 ¿Qué vocabulario enseñar?, 158

6.2 ¿Cuándo enseñar vocabulario?, 163

6.3 Actividades previas, 165

6.4 La presentación del vocabulario, 167

6.5 La práctica del vocabulario, 175

6.6 Algunas consideraciones, 184

Palabras finales, 193

Glosario, 195

Referencias, 197

Bibliografía comentada, 207

Clave de respuestas, 209

Sobre la autora, 213

○○○

Presentación

Vivimos en un mundo dinámico en el que los cambios están siempre en marcha y en la enseñanza de lenguas extranjeras no podría ser diferente. El surgimiento, a lo largo del tiempo, de nuevas teorías de adquisición de lenguas, nuevos enfoques y metodologías de enseñanza, nos conduce a diferentes formas de enseñar y aprender. Así, los cambios traen también la necesidad de comprensión de lo nuevo y de constante actualización.

En cuanto a la gramática y al vocabulario, personajes principales de este libro, su rol en la enseñanza de lenguas extranjeras también va cambiando a lo largo del tiempo, pasando de protagonista a figurante y viceversa. Dicho eso, le invitamos a conocer un poco más de esa historia, pues creemos que el conocimiento y la reflexión sobre el lugar ocupado por esos dos personajes en la enseñanza de lenguas, en diferentes momentos, podrá contribuir para la mejor comprehensión de los planteamientos actuales.

El libro está dividido en dos partes, cada una compuesta por tres capítulos: los tres primeros dedicados a la gramática y los tres últimos a las cuestiones del vocabulario.

En la primera parte:

» **Capítulo 1** – Empezamos analizando las diferentes concepciones de gramática y el rol de la gramática pedagógica en la enseñanza de español como lengua extranjera.

» **Capítulo 2** – Desarrollamos una discusión sobre las ventajas y desventajas de la enseñanza de la gramática y buscamos presentar las diferentes posibilidades didácticas para su tratamiento.

» **Capítulo 3** – Tratamos de los recursos y actividades que el profesor de español puede utilizar en el trabajo con la gramática.

En la segunda parte:

» **Capítulo 4** – Traemos una visión histórica del lugar del vocabulario en la enseñanza de lenguas extranjeras. A continuación, analizamos las contribuciones del enfoque léxico, buscamos aclarar algunas terminologías y reflexionar sobre los diferentes aspectos implicados en el conocimiento de una palabra.

» **Capítulo 5** – Consideramos el papel de la memoria en el proceso de aprendizaje del vocabulario y también la necesidad de tomarse en cuenta la enseñanza de las estrategias de aprendizaje.

» **Capítulo 6** – Relacionamos la teoría y la práctica, nos concentramos en tres cuestiones principales, con las cuales ciertamente el profesor de español se enfrentará en algún momento de su actividad docente: ¿Qué vocabulario enseñar? ¿Cuándo y cómo enseñarlo?

Aclaramos de antemano que este libro no tiene cualquier pretensión de enseñar gramática y vocabulario. Nuestro objetivo es, sobre todo, establecer una reflexión sobre los diferentes aspectos implicados en el proceso de enseñanza y aprendizaje de esos dos componentes y presentar orientaciones sobre cómo el profesor podrá plantearlos en la clase de Español como Lengua Extranjera (ELE).

En ese sentido, y considerando la creciente demanda por profesores de lengua española en Brasil, esta obra será de especial interés para estudiantes de la carrera de Filología Hispánica (Letras-Español), cursando asignaturas como *Práctica de Enseñanza o Lingüística Aplicada a la Enseñanza de Español*. Además, creemos que esta modesta contribución también podrá aportar algunos nuevos conocimientos a aquellos profesionales que ya actúan en la enseñanza de ELE, ya que la actualización y el perfeccionamiento profesional es una necesidad cada vez más recurrente en nuestros días.

●●●

Introducción

La noción de competencia comunicativa y el surgimiento de las propuestas de enseñanza comunicativa contribuyeron para el gradual desplazamiento del lugar de la gramática y del vocabulario en la enseñanza de lenguas extranjeras. Con los cambios, aparecen también algunas cuestiones que, como profesores de lengua española, es importante que busquemos comprender: ¿Cómo dicho desplazamiento se refleja en las prácticas de enseñanza actuales? ¿Cómo y cuándo debemos tratar la gramática y el vocabulario en las clases de lengua española de modo a contribuir para que nuestros alumnos sigan desarrollando su competencia comunicativa?

A partir de las conceptuaciones, reflexiones y discusiones que se llevarán a cabo a lo largo de este libro, buscaremos indicar posibles respuestas para las cuestiones anteriores. Deseamos que sea una lectura placentera y que los aspectos planteados en esta modesta obra puedan aportar algunos nuevos conocimientos a los(as) lectores(as) – tanto a los(as) profesores(as) que ya actúan en la enseñanza de ELE como a aquellos(as) que están preparándose para hacerlo.

Capítulo 1

¿Gramática
o gramáticas?

Todavía es muy frecuente que estudiantes, e incluso profesores de lenguas, asocien la palabra *gramática* a clases poco emocionantes, en las que se pretende exponer un conjunto de reglas difíciles de enseñarse y de aprenderse. La aversión despertada por el término *gramática*, y sus implicaciones para la enseñanza de lenguas, tanto maternas como extranjeras, tiene origen, en parte, en el carácter polisémico del término.

Por ello, se nos impone la necesidad de hacer un breve recorrido sobre las formas más usuales de concebirse la *gramática*. Son muchas las gramáticas y cada una surge de una perspectiva distinta de acercarse a los datos lingüísticos. Se puede hablar de gramática estructural, histórica, funcional, generativa, normativa, descriptiva, entre otras.

Según nuestros objetivos para este libro, vamos a atenernos a aquellas concepciones que más directamente se relacionan con la enseñanza de lenguas. No es posible tratar de las especificidades de una gramática pedagógica sin tener en cuenta otras concepciones de gramática que, de una u otra forma, también están presentes en esa gramática pedagógica. Así, en este capítulo, presentaremos las características de las gramáticas **normativa, descriptiva** e **interiorizada**. En seguida, analizaremos algunas de las particularidades de la gramática pedagógica, tan presente en el quehacer del profesor de español como lengua extranjera. Al final del capítulo, comentaremos algunos temas de la gramática española que suelen ofrecer mayor dificultad al aprendiz brasileño.

1.1 La gramática como conjunto de reglas

Como señala Possenti (1996, p. 64), mediante la palabra *gramática*, se puede referir a tres realidades diferentes:

1. Conjunto de reglas que los hablantes deben seguir.
2. Conjunto de reglas que los hablantes siguen.
3. Conjunto de reglas que el hablante de una lengua domina.

En las dos primeras formas, el término *conjunto de reglas* se refiere al comportamiento oral y escrito de los miembros de una comunidad lingüística. Eso porque tales reglas hacen referencia a la sistematización de las expresiones lingüísticas que ellos usan. Ya la tercera conceptuación de gramática remite a la hipótesis sobre aspectos de la realidad mental de los hablantes. Esas concepciones de gramática también las comparten lingüistas como Travaglia (2002) y Mendonça (2001), y cada una de ellas nos remite a una concepción diferente de lengua. Por eso, a continuación, buscaremos profundizar un poco más ese tema.

1.1.1 La prescripción de la lengua

El primer concepto de gramática – conjunto de reglas que deben ser seguidas – es el más conocido y aparece frecuentemente representado en las gramáticas escolares y libros didácticos. Las gramáticas que siguen esa corriente se denominan *prescripcionistas* o *normativas*. Tal modalidad de gramática suele orientarse por los textos literarios de autores renombrados – o sea, parte de la lengua escrita – y pretende sistematizar una norma lingüística para preservar la lengua, actuando como la fuerza conservadora en oposición a la innovación de los hablantes.

La sistematización, únicamente, no sería un problema. Lo que ha sido criticado en el planteamiento normativo es el hecho de que, partiéndose de una variedad lingüística considerada, de alguna forma, "mejor", se establece una norma explícita que se limita tan sólo a uno de los usos posibles y que se sobrepone a las normas implícitas correspondientes a todos los otros usos. Esa norma, elegida como modelo, pasa a ser prescrita como la forma "correcta" de uso de la lengua.

En dicha perspectiva, la gramática presenta,

> "um caráter prescritivo e discriminatório: para a gramática normativa, é errado todo uso da linguagem que esteja fora dos padrões linguísticos estabelecidos como ideais" (Mendonça, 2001, p. 235).

En español, para poner un ejemplo, las gramáticas normativas no aceptan el fenómeno conocido como *dequeísmo*, que ocurre en algunas variedades de la lengua. Así, construcciones como "Pero él creía **de** que todo estaba bien" (Vaquero de Ramíriz, 1996b, p. 34) son consideradas erradas según los criterios normativos, que aconsejam que se diga: *Pero él creía que todo estaba bien*. Como explica la lingüista española Violeta

Demonte (2003, p. 15) "la estigmatización del queísmo (o del dequeísmo), que usan con normalidad presidentes y primeros ministros de repúblicas y de no repúblicas, y adoptan sin sonrojo escritores reconocidos, se podría ver en los días que corren como una imposición desinformada".

En ese sentido, puesto que las lenguas no son entidades estáticas, con el paso del tiempo, se superan ciertas imposiciones prescripcionistas, sobre todo cuando hablantes de las capas con acceso más privilegiado a la educación formal, que usan la lengua considerada culta, pasan a utilizar algunas formas lingüísticas condenadas por las "reglas del buen uso".

1.1.2 Describiendo la lengua como ella es

El segundo concepto de gramática – conjunto de reglas que los hablantes siguen – es el que orienta el trabajo de los lingüistas, que se ocupan de describir una lengua basándose en el uso que sus hablantes hacen de ella. Esa es la **gramática descriptiva**. En ese tipo de trabajo, se busca explicitar las reglas que los hablantes utilizan.

Vale recordar que las gramáticas normativas también contienen descripciones, pero la diferencia fundamental reside en el hecho de que tales descripciones casi siempre se limitan a las formas consideradas "correctas", confundiéndose, así, prescripción y descripción.

Dicho eso, lo que caracteriza una gramática puramente descriptiva es la ausencia de cualquier pretensión prescripcionista y de la concepción de error.

En la gramática descriptiva sólo se considera error lo que no ocurre sistemáticamente en la lengua, es decir, formas que no son usadas por los hablantes de ninguna de sus variedades (como, por ejemplo, *una niños, *la perro[1], etc.).

---

[1] El asterisco indica que la construcción es agramatical.

Con lo expuesto, se puede decir que la gramática descriptiva se diferencia de la normativa en la medida en que aquella se dedica a estudiar y describir detalladamente el conjunto de reglas y usos de una lengua tal como ocurren en una determinada realidad socio-histórica, sin hacer ningún juicio de valor en cuanto a su (in)corrección.

1.1.3 El conocimiento interiorizado

Por fin, el tercer concepto de gramática – conjunto de reglas que el hablante de una lengua domina – se relaciona con las hipótesis sobre los conocimientos que habilitan al hablante a producir frases o secuencias de palabras de modo que ellas sean comprensibles y reconocidas como pertenecientes a una lengua determinada. A ese conocimiento que los hablantes de una lengua poseen se ha llamado *gramática interiorizada*. Así, lean:

a. Lo**s** vecino**s** simpático**s**.
b. Lo**s** vecino**s** simpático ø².
c. Lo**s** vecino**ø** simpático**ø**.
d. *Lo**ø** vecino**ø** simpático**s**.

Delante de esas construcciones, hablantes de cualquier variedad del español reconocen las frases (a), (b) y (c) como construcciones que ocurren en esa lengua. Por otra parte, el mismo no se puede decir con relación al ejemplo (d). Como señala Tarallo (1997, p. 9-10), en lenguas como el portugués y el español, la marcación del plural puede sufrir variación, siendo la ausencia de la marca de plural [ø] en las posiciones finales del **sintagma nominal** (SN) una tendencia en

---

2 El símbolo **ø** indica que la posición está vacía.

las variedades no estándares de ambas lenguas[3] – como muestran los ejemplos (b) y (c).

Sin embargo, la forma (d) es la única considerada agramatical, puesto que la marcación del plural únicamente en la última posición del SN no es una combinación posible en español, no forma parte del conocimiento de los hablantes de ninguna de sus variedades y, por lo tanto, no pertenece a la gramática interiorizada de tales hablantes.

El reconocimiento de los tres primeros sintagmas como pertenecientes a la lengua española se debe a ciertas características que pueden ser observadas:

1. Los sonidos y cómo ellos se distribuyen.
2. La formación morfológica de las palabras.
3. La forma como las palabras están distribuidas en la frase.

Así, considerándose el modo como las personas identifican oraciones como pertenecientes a su lengua, producen e interpretan secuencias sonoras con determinadas características, se supone que hay conocimientos de tipo específico en sus mentes que aseguran tal estabilidad (Possenti, 1996, p. 69). Se puede decir que ese conocimiento es básicamente de dos tipos: **léxico** y **sintáctico-semántico**. El conocimiento léxico implica la capacidad de atribuir palabras adecuadas a las cosas, a los procesos, etc. Ya el conocimiento sintáctico-semántico se refiere a la distribución de las palabras en la oración y al significado producido a partir de la combinación de las palabras.

---

3 Vaquero de Ramírez (1996a), en su estudio sobre el español de América, comenta que en algunas regiones (República Dominicana, Panamá y parte de Venezuela) hay una creciente tendencia a la supresión de la /-s/ en final de palabras, como la pronunciación de *casaø*, por *casas̲*, incluso cuando ese no es morfema de plural (como en la palabra *entonceø*, por *entonces̲*).

La noción de gramática interiorizada surge a partir de la teoría generativa desarrollada por Noam Chomsky (1957), uno de los lingüistas más influyentes del siglo XX. Para una comprensión más amplia de esa relación, describiremos sucintamente algunos fundamentos de dicha teoría.

La teoría chomskiana propone que la mente humana viene equipada con una capacidad innata para la adquisición del lenguaje. O sea, el ser humano ya nace dotado de una gramática universal (GU). Así, a partir de un conjunto de reglas gramaticales y un número finito de palabras, somos capaces de generar un número infinito de oraciones. Aunque no tenemos la pretensión de profundizarnos en la teoría generativa, la noción de GU es particularmente importante, puesto que estaría en la base del conocimiento gramatical implícito que tenemos de nuestra **lengua materna**. Desde esa perspectiva, es la GU que nos habilita a adquirir, a partir de la exposición a los datos lingüísticos, ese conocimiento interiorizado.

Ante todo lo expuesto hasta aquí, es natural que el lector se pregunte: ¿Cuál es la relación entre la enseñanza de lengua extranjera (LE)[4] y las diferentes formas de concebir la gramática? Si aceptamos que las diferentes concepciones de gramática nos llevan a distintas concepciones de lengua, entonces nos parece que el conocimiento de tales diferencias puede contribuir para que, como profesores de lengua española, tengamos una actitud más consciente en cuanto a las concepciones de gramática y de lengua presentes en los materiales didácticos que usamos como apoyos para nuestras clases.

---

4 Aunque algunos autores diferencien los términos *lengua extranjera* (LE) y *segunda lengua* (L2), en este libro, por conveniencia, utilizaremos las siglas LE y L2 como equivalentes.

Teniendo en cuenta la enseñanza de español como lengua extranjera (ELE), la gramática interiorizada que el hablante nativo posee de su lengua, también denominada de **gramática objeto** (Salazar, 2006), pasa a ser uno de los objetivos en la actividad didáctica cotidiana llevada a cabo entre profesores y aprendices. Es en ese contexto que introducimos la **gramática pedagógica** (GP), presente en los manuales de consulta o en las sistematizaciones gramaticales que se suele encontrar en muchos libros didácticos. Tales materiales son una herramienta más en el proceso que tiene como objetivo último llevar al aprendiz a comunicarse con eficacia en la lengua extranjera.

1.2 La gramática pedagógica (GP)

A partir de las diferentes concepciones de gramática vistas anteriormente, diríamos que el proceso de enseñanza y aprendizaje de una lengua extranjera hace uso:

- » De la prescripción.
- » De la descripción de las diferentes estructuras, según el uso que los hablantes hacen de ellas.
- » Del conocimiento de los mecanismos de adquisición de una lengua, considerando la perspectiva de que el ser humano posee una capacidad innata para la adquisición del lenguaje.

De ese modo, surgen las gramáticas pedagógicas, que son de naturaleza bastante ecléctica y reúnen las diferentes concepciones de gramática con el propósito de lograr un resultado más eficaz.

Diferentemente de las otras gramáticas, la GP busca presentar un *corpus* didáctico explícito en un lenguaje de fácil acceso a los estudiantes, con el objetivo de facilitar la comprensión y el dominio de la lengua – tanto de su sistema como de los diferentes usos. En ese sentido, Odlin (1994, p. 11-14) identifica cuatro factores que justificarían el uso de gramáticas pedagógicas en el proceso de enseñanza/aprendizaje:

1. Tiempo.
2. Autonomía.
3. Fosilización.
4. Orientación.

Veamos lo qué caracteriza cada uno de ellos:

1. **Tiempo** – El tiempo disponible para la/el enseñanza/aprendizaje de una lengua extranjera en el aula es corto, lo que obliga al profesor a seleccionar ciertos aspectos gramaticales para el tratamiento en clase. Como resultado de ese procedimiento, muchas veces se tiene un dominio insatisfactorio de la lengua.
2. **Autonomía** – El tiempo limitado resulta en conocimiento incompleto de las estructuras de la lengua, por eso los estudiantes necesitan desarrollar la autonomía y aprender a consultar gramáticas y diccionarios. Dichos materiales deben ser preparados de modo a ayudarlos a suplir las posibles lagunas de conocimiento.
3. **Fosilización** – El aprendiz autónomo tendrá condiciones de analizar las estructuras de la lengua meta, comparar con aquellas estructuras que él usa y almacenar solamente las que se consideran más adecuadas, reduciendo, así, el uso y la conservación de estructuras que no existen en la lengua meta.
4. **Orientación** – A pesar de ser un tema aún controvertido, hay estudios que sugieren que la/el enseñanza/aprendizaje formal de aspectos gramaticales puede aumentar las posibilidades de éxito

del aprendiz. En ese proceso, cabrá al profesor orientar a los estudiantes sobre las características del sistema gramatical de la lengua meta e instruirlos sobre como explotar ese sistema de forma independiente.

Las reglas que son descritas por los lingüistas, debido al alto grado de detalles, muchas veces no son adecuadas para el aula, pues pueden traer más confusión que aclaraciones a los aprendices. De ahí, la necesidad de las formulaciones de las GP, que tienen la desafiadora tarea de ofrecer una descripción aclaradora de las regularidades de la lengua, de modo a facilitar su comprensión. Surge, entonces, la pregunta inevitable: ¿Cómo saber si la formulación de una regla es buena o no?

Michael Swan (citado en Thornbury, 1999, p. 32) señala seis criterios que pueden ayudarnos:

1. Verdad.
2. Límite.
3. Claridad.
4. Simplicidad.
5. Familiaridad.
6. Relevancia.

Veamos qué caracteriza cada uno de esos criterios.

1. **Verdad** – Aunque en algunos casos la veracidad sea sacrificada en nombre de la claridad y de la simplicidad, las reglas deben mantener alguna similitud con la realidad que describen.
2. **Límites** – Las reglas también deben evidenciar claramente los límites de uso de una determinada forma.

3. **Claridad** – La ausencia de ese criterio generalmente proviene de la ambigüedad o del uso de terminología obscura.
4. **Simplicidad** – La falta de simplicidad tiene su causa en el exceso de reglas con divisiones y subdivisiones, con la finalidad de abarcar una gran cantidad de ejemplos y todas las excepciones conocidas. Hay un límite de excepciones que el alumno consigue recordar.
5. **Familiaridad** – Se refiere al hecho de tomarse en consideración el conocimiento previo del estudiante. Un número reducido de alumnos tiene conocimiento especializado de gramática, aunque pueda estar familiarizado con la terminología usada para describir la gramática de su propia lengua (términos como *condicional, infinitivo, gerundio*, etc.). La mayoría de los estudiantes tiene la noción de tiempo verbal (pasado, presente y futuro), pero se sentiría perdida ante conceptos como *modalidad deóntica* y *modalidad epistémica*, por ejemplo.
6. **Relevancia** – Una regla debe responder solamente a aquellas preguntas que el aprendiz necesita que sean respondidas y dichas preguntas pueden variar según la lengua materna del estudiante. Los hablantes de lenguas que no diferencian el artículo masculino y el femenino (como es caso del inglés – the car, the house) pueden necesitar explicaciones adicionales al estudiar la lengua española, que hace esa distinción (el coche, la casa). Sin embargo, como en el portugués también se usan artículos masculinos y femeninos, el estudiante brasileño no tendría las mismas necesidades de explicaciones que el estudiante inglés.

1.2.1 El caso del verbo *gustar*

En la práctica, el cumplimiento de los criterios mencionados arriba puede no ser una tarea tan fácil. Para ejemplificarlo, elegimos un tema de la gramática de la lengua española que suele exigir un tratamiento diferenciado en la enseñanza de español a estudiantes brasileños. Aunque el significado del verbo *gustar* sea equivalente al de *gostar*, del portugués, su estructura morfosintáctica suele presentar dificultad a los aprendices brasileños, sobre todo en los niveles iniciales. Así, mientras en español se dice *nos gusta bailar* y *me gusta el tango*, no es raro que dichos aprendices produzcan formas como: *nosotros gustamos de bailar* o *yo gusto de tango*.

En parte, tal dificultad se debe al funcionamiento morfosintáctico de ese verbo, que es diferente de sus equivalentes en lenguas como el portugués, el inglés y el francés. El verbo *gustar* no sigue la secuencia canónica *Sujeto-Verbo-Objeto (S-V-O)*.

De modo general, al tratar de verbos que funcionan como *gustar*, los manuales didácticos del español facilitan la siguiente regla: "El verbo concuerda con el sujeto" (Bruno; Mendoza, 2002). Así, si el sujeto está en singular, el verbo estará en singular; si el sujeto está en plural, el verbo también estará en plural. Milani (1999, p. 210) enfatiza aún que se trata de sujetos gramaticales. Pero, ¿será suficiente decir que el verbo concuerda con el sujeto si el sujeto es, muchas veces, identificado por las gramáticas tradicionales como la persona o cosa que realiza la acción?

Gómez Torrego (2000, p. 264) nos aclara que esa noción tradicional de sujeto no es adecuada, puesto que "no habría sujeto en las oraciones cuyo verbo no fuera de acción, como *ser, estar, parecer*, etc". El autor añade que "[c]on muchos verbos, y también en las estructuras pasivas, el sujeto no es la persona o cosa que realiza la acción del verbo sino la persona que la padece o sufre" (como en: _Pedro murió de accidente_ o _Un ladrón fue detenido por la policía_).

Lea la frase:

Eu	gosto	do seu penteado
S	V	CI

Debido al conocimiento que el estudiante brasileño tiene de la estructura del portugués en construcciones como la anterior, es posible que él, equivocadamente, suponga que el equivalente en español sigue el mismo modelo sintáctico. Sin embargo, la distribución de los elementos en la secuencia es diferente: _me_ es el complemento indirecto y _tu peinado_ es el sujeto sintáctico que concuerda con el verbo, como se observa en el ejemplo siguiente:

Me	gusta	tu peinado
CI	V	S

La principal diferencia está en el hecho de que, en portugués, el **sujeto gramatical, o sujeto sintáctico**, coincide con quien experimenta la sensación expresada por el verbo _gostar_ (eu), lo que no se da con el verbo español.

Hay aún otro complicador para el aprendiz brasileño: el hecho de que construcciones con _gustar_ admiten que la función de sujeto sintáctico la ocupe un verbo en infinitivo, como en _me gusta cantar_. Veamos como Matte Bon (2000, p. 78) expone ese tema:

> Con verbos y expresiones como **me gusta, me apetece, me encanta** etc. en los que en realidad se trata de situar/localizar un proceso espontáneo en un sujeto, el infinitivo es el sujeto gramatical aparente de la expresión **me gusta, me apetece, me encanta** etc., pero se refiere (se aplica) al sujeto en el que el enunciador sitúa el proceso, que es su verdadero sujeto. [Énfasis del autor]

A continuación, el autor propone que, en la construcción *me gusta nadar*, el verbo infinitivo *nadar* es el sujeto gramatical aparente de *gusta*, "aunque en realidad el que nada es el sujeto real **yo**, y lo que le **gusta** es la relación **yo** – **nadar**" (Matte Bon, 2000, p. 78, énfasis del autor). El autor busca hacer la distinción entre sujeto gramatical y sujeto real, al tratar del infinitivo, acercándose a las características sintáctico-semánticas implicadas en el funcionamiento del verbo *gustar*. Nos preguntamos, no obstante, si ese tipo de explanación de hecho contribuiría para aclarar al estudiante el funcionamiento de la regla.

A partir de las consideraciones anteriores, se puede percibir que, en casos como el del verbo *gustar*, encontrar el equilibrio entre **verdad**, **límite**, **claridad**, **simplicidad**, **familiaridad** y **relevancia** pasa a ser uno de los grandes desafíos de las gramáticas pedagógicas y también del profesor de español, que, tarde o temprano, se encontrará con la necesidad de explicar a sus alumnos la(s) regla(s) de funcionamiento de ese tipo de verbo.

Con los ejemplos anteriores, buscamos ilustrar como la falta de claridad puede dificultar el entendimiento de una determinada regla. Pero, ¿Qué hacer en ese caso?

Moreno y Eres Fernández (2007, p. 209) señalan que la estructura más frecuente del verbo *gustar* es la siguiente:

> Complemento + Verbo + Sujeto

Esa forma de presentación explicita que el pronombre que precede al verbo no es el sujeto sintáctico sino el complemento u objeto indirecto. Diríamos, de modo aún más sencillo, que:

El verbo *gustar* – igual que otros verbos de sensación, como *encantar*, *parecer*, *doler*, etc. – concuerda con la cosa o ser que provoca la sensación.

Si lo que se gusta está en singular o es un verbo, el verbo *gustar* queda en singular: Me <u>gusta</u> tu reloj. / Nos <u>gusta</u> bailar.

Si lo que se gusta está en plural, el verbo estará en plural: Me <u>gustan</u> tus gafas.

Si el sujeto gramatical del verbo es una persona, el verbo va a concordar con la persona: Me <u>gustas</u> tú.

El uso de ese verbo también presenta otras particularidades, como, por ejemplo, la presencia o ausencia de los pronombres tónicos. Se puede decir Me <u>gusta</u> tu reloj o <u>A mí</u> me <u>gusta</u> tu reloj. La diferencia está en el valor expresivo de cada enunciado, siendo la segunda forma más enfática que la primera.

1.3 Principales dificultades de los aprendices brasileños

Teniendo en cuenta las características y los objetivos de la gramática pedagógica mencionados en las páginas anteriores, en este apartado trataremos de algunos aspectos de la gramática de la lengua española que se consideran de especial dificultad para el alumno brasileño. Pero, antes, nos parece oportuno hacer algunas consideraciones sobre la especificidad de la enseñanza y del aprendizaje de lenguas tan cercanas, como es el caso del español y del portugués. La cercanía entre el español y el portugués, como señala Bourguignon (2007), nos plantea algunos problemas debidos a las interferencias que pueden ocurrir. De ese modo, la "lengua materna impregna con su fonología, morfología, léxico y sintaxis la lengua meta, gracias a la comprensibilidad que posibilita la cercanía del idioma, aunque no sean aceptables en el aspecto gramatical" (Bourguignon, 2007, p. 28-29).

La autora comenta, además, que, como consecuencia de dicha comprensibilidad, muchos errores tienden a fosilizarse. Por eso, hay la necesidad de una pedagogía especial para los estudiantes lusohablantes, con especial atención a aquellos aspectos gramaticales que se distancian en las dos lenguas.

En ese sentido, Andrade Neta (2000) nos alerta que "si por un lado las semejanzas hacen que los lusohablantes avancen más rápidamente [...], por otro, son también muy constantes los errores **interlinguales** y su posible fosilización". Considerando dichos errores interlinguales, vale aclarar que la interlengua se refiere a una "competencia transitoria, los estadios que el aprendiz atraviesa antes de llegar al resultado final" (Fernández, 1997, p. 14). En otras palabras, es una lengua intermedia, que presenta rasgos de la lengua materna del alumno y de la lengua meta.

En esa perspectiva, el conocido "portuñol" es una interlengua que, si visto de forma positiva, pasa a ser un indicio del progreso del estudiante, en el proceso de adquisición del español. En una perspectiva moderna, se ha visto los "errores" como indicadores del estadio en el que el aprendiz se encuentra en el proceso de aprendizaje de una LE. Sin embargo, en el caso del "portuñol", siempre hay el riesgo de que el estudiante brasileño se acomode en ese nivel de interlengua, suponiendo que es suficiente para comunicarse, y ya no busque avanzar en el dominio de la lengua española. En fin, la interlengua es un proceso natural, el problema es la fosilización precoz, es decir, cuando el aprendiz se detiene en la interlengua.

Con lo expuesto, creemos que la proximidad entre el español y el portugués puede ser vista como un factor positivo en el proceso de aprendizaje del español por brasileños, pero, es importante que se supere los errores provenientes de las interferencias para que la proximidad tipológica entre las dos lenguas sea, de hecho, ventajosa para el aprendiz.

Así, la concienciación del profesorado de español para brasileños, y también de los estudiantes, es indispensable en el proceso de superación de los errores y de la fosilización. Tal concienciación implica, entre otros factores, conocer las peculiaridades del español y las falsas semejanzas entre ambas lenguas. Al tener ese conocimiento, el profesor podrá elaborar propuestas didácticas que ayuden a sus alumnos a superar los errores.

A partir de los planteamientos anteriores, conviene mencionar, aunque sucintamente, algunos aspectos de la gramática española que suelen presentar cierta dificultad al alumno brasileño. A pesar de que las diferencias gramaticales entre el portugués y el español se den en varios niveles – léxico, ortográfico, fonético-fonológico y morfosintáctico –, según el propósito de este capítulo, nos limitaremos al nivel morfosintáctico.

Seleccionamos aquellos puntos que suelen recibir más atención en los estudios contrastivos y en las gramáticas pedagógicas de ELE, que son elaboradas para atender a las necesidades de los estudiantes brasileños (Andrade Neta, 2000; Durão, 1999; Moreno Garcia; Eres Fernández 2007).

1.3.1 El uso del artículo

En español se dice *Lo bueno de la vida es amar* y *El hijo de mi hermano es abogado*. Como en portugués no se hace esta distinción (se usa el artículo *o* para los dos casos: *O bom da vida é... / O filho do meu irmão...*), el estudiante brasileño presenta especial dificultad en el uso del artículo neutro *lo*, produciendo formas gramaticalmente incorrectas como: *<u>Lo</u> hijo de mi hermano* / *<u>El</u> bueno de la vida es amar*. Con eso, surge la necesidad de concienciación de la diferencia. Mediante el trabajo en clase, con ejemplos contextualizados, el profesor podrá llevar al alumno a percibir la regularidad de que **nunca se usa el artículo neutro *lo* delante de sustantivos**.

En español, tampoco se usan artículos determinados delante de nombres propios. Se dice, por ejemplo, *México es un país de contrastes* / *María es una chica preciosa*. Por interferencia del portugués, el alumno brasileño, principiante, puede producir formas como *<u>El</u> México es un país de contrastes* / *<u>La</u> María es una chica preciosa*.

1.3.2 El adjetivo

Un caso particular es el de la **apócope**, que es la pérdida de la vocal final de algunos adjetivos delante de un sustantivo. Por ejemplo: *bueno* ⇒ *buen* ⇒ *Él es un <u>buen</u> empleado*. Los estudiantes brasileños tienden a usar las formas no apocopadas (**Él es un buen<u>o</u> empleado*), siendo otro aspecto que requiere atención especial.

También la producción de formas como **Mi hijo <u>más nuevo</u> tiene nueve años* por *Mi hijo <u>menor</u> tiene nueve años* es otra dificultad. En español, se usan los comparativos superlativos *menor* y *mayor* para hablar de la edad de alguien. En portugués, por otra parte, tales formas comparan el tamaño de algo o alguien. Para hablar de edad, en portugués, se suele usar los comparativos *mais novo* y *mais velho*. De ahí el uso inadecuado, muchas veces, de *más nuevo*.

1.3.3 Pronombres personales

Tanto en español como en portugués, las personas están indicadas en las terminaciones verbales, lo que permite la omisión del pronombre sujeto en muchos casos: ¿*[Tú] Vas a limpiar la cocina o la limpio yo?*

Pero, la omisión de los pronombres personales es mucho más usual en el español. Así, frecuentemente, el aprendiz brasileño hace uso innecesario de tales pronombres (*¿Tú vas a limpiar...*). Aunque no sea un error gramatical, el uso excesivo de los pronombres personales no suena natural al hablante nativo.

1.3.4 Pronombres complemento

En la lengua española es corriente el uso de construcciones como las siguientes:

– ¿Me	traes	unos melocotones?
PCI	V	CD

– Sí,	te	los	traigo.
	PCI	PCD	V

No obstante, el aprendiz brasileño, a partir del conocimiento de la estructura del portugués (*Sim, eu [te] trago / Sim, eu [os] trago para você*), produce formas como: **Sí, te traigo / *Sí, yo traigo para ti*. Además de la mayor frecuencia de uso de los pronombres de complemento indirecto (PCI) y directo (PCD), la colocación pronominal en español también sigue criterios diferentes de los del portugués: primeramente se pone el PCI y después el PCD. En portugués se suele omitir uno de los pronombres, o incluso los dos, en el habla coloquial (*Sim, eu trago*).

1.3.5 Uso de preposiciones

Los usos preposicionales presentan algunas diferencias en las dos lenguas en cuestión. Los errores más recurrentes se refieren al empleo de las preposiciones *en*, *de* y *a* en determinadas construcciones.

La **preposición *a***, en español:

» Antecede al nombre o pronombre que funciona como complemento directo relativo a una persona o animal específico. Ejemplos:

Juan ama a María.

Pepe quiere mucho a la perrita que ha adoptado.

» Antecede a los posesivos y demostrativos que acompañan al complemento directo de persona o animal. Ejemplos:

Vi a mi madre sentada en la escalera.

Andrés escuchó a aquella mujer que antes había visto en la calle.

» Sigue al verbo *ir* en la perífrasis de futuro *ir a + infinitivo*, que se utiliza para expresar planes en un futuro cercano. Ejemplo:

Los estudiantes van a viajar a Buenos Aires en las vacaciones.

Las diferencias anteriores suelen llevar al estudiante brasileño a cometer errores como: **Pepe quiere mucho [...] la perrita... /*Vi [...] mi madre sentada en la escalera / *Los estudiantes van [...] viajar a Buenos Aires...*

Frecuentemente, la **preposición *de*** se emplea de forma inadecuada, principalmente con el verbo *gustar*. Como se ha comentado anteriormente, el funcionamiento sintáctico de ese verbo no coincide en las dos lenguas, siendo una de las diferencias la ausencia de la preposición *de* en español. De ese modo, en los niveles iniciales (o no tan iniciales), los aprendices suelen producir formas como: *Me gusta de bailar tango* (por *Me gusta bailar tango*).

En cuanto a la **preposición *en***, destacamos su diferente uso con los medios de transporte. En español se dice: *Voy al trabajo en autobús*. Por influencia del portugués, los aprendices pueden usar la preposición *de*: **Voy al trabajo de autobús*.

1.3.6 Las formas verbales

A continuación presentamos algunas de las principales dificultades de aprendizaje de los estudiantes brasileños en cuanto a las formas verbales del español.

1.3.6.1 El pretérito perfecto compuesto (PPC)

En la lengua española hay dos formas de pretérito que se oponen en el discurso y cuyos usos distintos pueden dificultar su aprendizaje por el estudiante lusohablante: el **pretérito perfecto simple** (*canté*) y el **pretérito perfecto compuesto** (*he cantado*). Aunque en portugués también tengamos esos dos pretéritos (*cantei / tenho cantado*), el valor del **pretérito perfeito composto** (PPC) no siempre coincide con el valor del PPC español. Por eso, en este apartado, nos limitaremos a comentar algunos ejemplos de uso del PPC, ya que es uno de los pretéritos que más suele confundir al alumno brasileño. Analicemos los siguientes ejemplos:

a. *He cantado mucho últimamente.* (Español)
b. *Tenho cantado muito ultimamente.* (Portugués)
c. *He cantado tres noches seguidas en los conciertos navideños.* (Español)
d. *(?) Tenho cantado três noites seguidas nas apresentações natalinas.* (Portugués)

Los ejemplos (*a*) y (*b*) se refieren a una acción (cantar) que empezó en algún punto del pasado y que sigue hasta el momento presente. En los dos casos, el PPC presenta un valor aspectual continuativo. Pero, además de indicar un proceso que se extiende hasta el presente, según lo que se diga a continuación, también puede indicar que el hablante ha cantado varias veces en el pasado, pero que ya no canta en el presente. Es lo que se observa en (a'):

a'. He cantado mucho últimamente, por eso <u>resolví darme una pausa</u>.

Se nota que en (a') el uso del PPC español se aleja del PPC brasileño, ya que puede ser traducido o interpretado como:

» *Cantei muito ultimamente* (y no como *Tenho cantado muito ultimamente*).

En (c) también tenemos procesos que se repiten en el pasado, pero que ya no ocurren en el presente. Por eso, la interpretación de (c) como (*?*) *Tenho cantado três noites seguidas nas apresentações natalinas* sería, como mínimo, inadecuada.

Además del valor continuativo, hay otros usos del PPC español que no coinciden con el portugués, como demuestran los ejemplos siguientes:

» *Mi hijo <u>ha roto</u> la pierna.* (valor resultativo)
» *Meu filho <u>quebrou</u> a perna.* (Portugués)
» <u>*Hemos trabajado*</u> *en el proyecto <u>hoy</u>.* (valor de pasado reciente – con marcadores temporales de actualidad: *hoy, esta semana, este mes, hace un rato*, etc.)
» <u>*Trabalhamos*</u> *no projeto hoje.* (Portugués)
» *<u>He tenido</u> mucho gusto en conocerte.* (valor enfático)
» *<u>Gostei</u> muito de te conhecer.* (Portugués)

El uso del PPC con valor continuativo y resultativo ocurre tanto en el español peninsular como en el español hispanoamericano. Mientras el uso del PPC con los marcadores de actualidad es característico del español peninsular, el valor enfático ha sido registrado sólo en variantes de la América Hispana (Gutiérrez Araus, 1997).

1.3.6.2 Verbos irregulares

El estudiante brasileño presenta dificultades con las formas verbales irregulares del español, cuando estas difieren de las formas del portugués. En el caso del **pretérito simple**, por ejemplo, es frecuente el uso de construcciones como **Juan supe que todo era verdad* por *Juan supo que todo era verdad*. Se observa la transferencia de la terminación de la 3ª persona del singular del portugués (*ele soube*) para la construcción española. Todavía hay otros casos, como **Yo andé* por *Yo anduve* o, aún, **Yo vin* por *Yo vine*. Se puede encontrar muchos otros ejemplos de dificultades de aprendizaje del sistema verbal español, debido a las transferencias del portugués, pero un análisis más detallado de esos fenómenos iría más allá de los objetivos de este capítulo.

1.3.6.3 Verbos reflexivos

Diferentemente de lo que sucede en portugués, en español la reflexividad se debe marcar explícitamente mediante elementos lingüísticos para que el valor reflexivo de los enunciados pueda ser interpretado por los hablantes. Mientras en portugués se dice que *Milagros escovou os dentes*, en español se diría que *Milagros se cepilló los dientes* o *Milagros cepilló los dientes a sí misma*. Como resultado de lo expuesto, los verbos que expresan reflexividad mediante los pronombres átonos (*me*, *te*, *se*, *nos, os, se*) son mucho más numerosos en español que en portugués[5]. Obsérvese otros ejemplos:

» João penteou o cabelo e Maria pintou os lábios. (Portugués)
» Juan se peinó el pelo y María se pintó los labios. (Español)

Teniendo en cuenta dicha diferencia en la marcación de la reflexividad en las dos lenguas, no es raro que los aprendices brasileños produzcan formas como: *Juan peinó el pelo y María pintó los labios*. Ante un enunciado como el anterior, no sería sorprendente si un hablante nativo del español preguntara: ¿Juan peinó el pelo de quién? Mientras en portugués está implícito que *João penteou* su propio *cabelo*, en español esa interpretación sólo es posible mediante la presencia del pronombre reflexivo *se*.

1.3.6.4 Futuro del subjuntivo

El futuro del subjuntivo, que es una forma muy usada en portugués (*Quando eu <u>receber</u>, pago o que te devo / Quando você <u>for</u> ao centro, me avisa*), está en desuso en español, que emplea el presente de subjuntivo en esas situaciones (*Cuando <u>reciba</u>, pago lo que te debo / Cuando <u>vayas</u>*

---

5 Los materiales didácticos usualmente emplean los términos *reflexivo* y *pronominal* como equivalentes. Sin embargo, "los pronombres personales átonos poseen valor reflexivo cuando el sujeto y el pronombre con función de complemento tienen el mismo referente" (Gómez Torrego, 2000, p. 112). Además, según la caracterización que propone Santos (2004), para que sean consideradas reflexivas, las construcciones verbales con el clítico *se* necesitan atender a los siguientes criterios semánticos: poseer un agente [+animado] y la acción debe ser [+intencional]. Hay que considerar también que, para que un verbo sea reflexivo, la entidad que practica la acción debe ser la misma que sufre dicha acción. Por ejemplo, en la oración *Delgadina se acostó en el sofá*, *se acostó* es una construcción reflexiva. Así, si la construcción cumple los requisitos anteriores y admite que se añada los complementos *a sí mismo*(**a**) o *a sí mismos(as)*, ella será reflexiva (*Delgadina se acostó [a sí misma] / Pedro se afeitó [a sí mismo]*). Por otro lado, verbos como *llamarse* (*Ella se llama Delgaldina*) o *irritarse/enojarse* (*Ella se irritó/enojó en la reunión*) son pronominales. En el primer caso, el sujeto carece de intención, pues no es normal que alguien llame a sí mismo. Ya en el segundo ejemplo, el sujeto participa como experimentador de un estado y no como agente.

al centro, avísame). A partir de la estructura de su lengua materna, el estudiante brasileño produce formas como: *Cuando <u>recibir</u>, pago lo que te debo*.

Según lo que se ha planteado a lo largo de este apartado, las falsas semejanzas entre el portugués y el español pueden llevar a errores de variados tipos y complejidad. De ese modo, es importante que el profesor de español como LE conozca los aspectos, particularmente los gramaticales, que puedan ser más problemáticos en la/el enseñanza/aprendizaje de la lengua española. A partir de esa toma de conciencia, el profesor tendrá más condiciones de trazar estrategias y elaborar propuestas que ayuden a los aprendices a superar los errores y avanzar en el proceso de aprendizaje de la lengua meta.

Síntesis

En este capítulo se ha presentado las diferentes concepciones de gramática que están directamente relacionadas a la enseñanza de lenguas extranjeras: la normativa, la descriptiva, la interiorizada y la pedagógica. La gramática pedagógica, en su afán de contribuir para un aprendizaje más eficiente de la lengua meta, hace uso de los conceptos desarrollados por las otras gramáticas. Debido a la importancia de la gramática pedagógica en el proceso de enseñanza/aprendizaje de LE, se ha presentado algunos factores que parecen justificar el uso de ese tipo de gramática.

Por fin, se ha presentado algunos temas de la gramática española que suelen ser problemáticos al estudiante brasileño. No hemos tenido cualquier pretensión de agotar el tema, por ello esperamos que los aspectos tratados puedan motivar al lector a seguir buscando otros casos en los que los sistemas gramaticales (y también los usos) del portugués y del español se distancian, resultando en dificultad adicional al aprendiz brasileño. Como profesores de español, es importante que veamos las producciones de nuestros estudiantes como el resultado de un proceso. Como el objetivo final del proceso de enseñanza/aprendizaje es llegar al dominio de la LE, es nuestro papel contribuir para que nuestros alumnos superen los errores de la interlengua y avancen en el aprendizaje de la lengua meta.

Indicaciones didácticas

Hay varios sitios didácticos que pueden ayudarnos a enriquecer nuestras clases de español. Muchos de esos sitios también pueden ser utilizados por los estudiantes para profundizar sus conocimientos en la lengua española, aclarar dudas de gramática, revisar temas gramaticales, etc. Estos sitios ofrecen recursos para alumnos y profesores de español como LE:

ZONAELE. Disponible en: <http://www.zonaele.com>. Accedido en: 26 jun. 2012

DIÁLOGO HISPANO. Disponible en: <http://dialogohispano.wordpress.com/falsos-amigos>. Accedido en: 30 sep. 2012.

Actividades de autoevaluación

1. Señale V (verdadero) o F (falso) para las afirmaciones referentes a las concepciones de gramática:
   ( ) La gramática prescripcionista concibe las innovaciones y las producciones de los hablantes pertenecientes a las diferentes variedades de una lengua como un fenómeno natural que debe ser respetado.

( ) La gramática normativa, basándose principalmente en textos escritos, busca preservar la lengua. Pero, las normativizaciones no logran impedir la variación y el cambio de las lenguas a lo largo del tiempo.

( ) Tanto la gramática prescripcionista como la gramática descriptiva buscan explicar las lenguas a partir de las producciones orales de sus usuarios, sin hacer cualquier juicio de valor.

( ) Los hablantes de algunas variedades de la lengua española pueden producir formas como *las niñaø buenaø*, siendo la ausencia del morfema de marca de plural, en las dos posiciones finales, considerada una variante no culta. En la perspectiva de la gramática descriptiva, ese fenómeno no constituye un error gramatical, puesto que ocurre regularmente en determinadas variedades del español.

a. V, V, F, F.
b. F, F, V, V.
c. V, F, V, F.
d. F, V, F, V.

2. Señale V (verdadero) o F (falso) para las afirmaciones sobre la gramática interiorizada:

( ) El hecho de que somos capaces de reconocer secuencias lingüísticas como pertenecientes a nuestra lengua se puede ver como un indicio de que poseemos una gramática interiorizada.

( ) El reconocimiento de construcciones lingüísticas como pertenecientes a una determinada lengua depende únicamente del conocimiento sintáctico-semántico.

( ) El conocimiento sintáctico-semántico se refiere al modo como las palabras se distribuyen en la oración.

( ) El surgimiento del concepto de gramática interiorizada tiene sus raíces en la teoría generativa chomskiana, la cual propone que la mente humana posee una capacidad innata para adquirir el lenguaje.

a. V, V, F, F.
b. F, F, V, V.
c. V, F, F, V.
d. F, V, F, V.

3. Teniendo en cuenta la gramática pedagógica, indique si las afirmaciones siguientes son V (verdaderas) o F (falsas):

( ) La gramática pedagógica surge en oposición a las demás concepciones de gramática.

( ) El objetivo de las gramáticas pedagógicas es describir las regularidades de la lengua detalladamente, sin preocuparse con el nivel de complejidad de las descripciones.

( ) La gramática pedagógica se propone a facilitar informaciones sobre la lengua en un lenguaje más accesible.

( ) El tiempo disponible para la/el enseñanza/aprendizaje de una LE en el aula es uno de los factores que justificarían la utilización de gramáticas pedagógicas.

a. V, V, F, F.
b. F, F, V, V.
c. V, F, V, F.
d. F, V, F, V.

4. Considerando la particularidad de la enseñanza y del aprendizaje de lenguas próximas, señale la alternativa **correcta**:
   a. Los errores de la interlengua indican que el aprendiz no está avanzando en el proceso de aprendizaje.
   b. Debido a la proximidad entre el portugués y el español, los aprendices brasileños casi no cometen errores.
   c. La proximidad tipológica entre el portugués y el español sólo ofrece ventajas al aprendiz brasileño.
   d. En una perspectiva positiva, el "portuñol" es una lengua de transición que indica el estadio del aprendiz en el proceso de enseñanza/aprendizaje.

5. Teniendo en cuenta las dificultades de los aprendices brasileños, indique la alternativa **incorrecta**:
   a. Los pronombres personales se utilizan menos en español que en portugués, siendo muy usual construcciones que no traen el pronombre sujeto explícito, como en ¿Vas a la tienda?
   b. En español, y también en portugués, el uso de los pronombres personales no es obligatorio en muchos casos, pues las personas están implícitas en las flexiones verbales.
   c. En la oración *Mi hija mayor baila muy bien*, el uso del comparativo superlativo mayor se refiere al tamaño de la hija.
   d. Por influencia del portugués, muchas veces los aprendices brasileños se exceden en el uso de los pronombres personales, produciendo formas como *Todos los días yo me despierto y después yo me ducho*.

Actividades de aprendizaje

Cuestión para reflexión

Pensando en las diferencias entre el portugués y el español y en las transferencias que pueden ocurrir durante la adquisición de la LE, ¿qué otros aspectos del sistema gramatical español, además de aquellos presentados en este capítulo, podrían ofrecer dificultad de aprendizaje al estudiante brasileño?

○○○

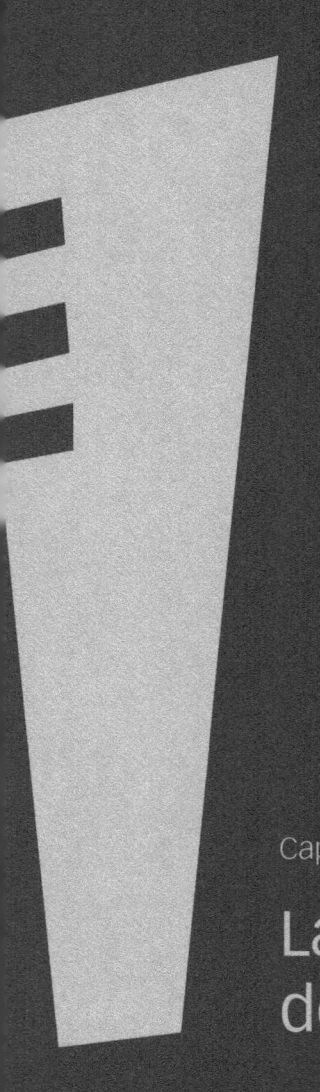

Capítulo 2

La enseñanza de la gramática

El tratamiento de la gramática ya ocupó un lugar central en la/el enseñanza/aprendizaje de lenguas extranjeras, puesto que se creía que el alumno debería primero aprender las reglas para después usarlas para comunicarse. Con el surgimiento de la enseñanza comunicativa, a partir de los años 70, se pasa a cuestionar esa idea y el tratamiento de la gramática pasa a una posición periférica en el proceso de enseñanza/aprendizaje de LE.

En las versiones más fuertes de la enseñanza comunicativa se planteaba, incluso, un completo rechazo a la enseñanza gramatical. Dicha corriente cobra fuerza a partir de la noción de competencia comunicativa, elaborada por el etnolingüista Dell Hymes, en los años 1970 (Hymes, 1995). En una versión más moderada de la enseñanza comunicativa de lenguas, se acepta que el conocimiento gramatical es uno de los elementos necesarios para que el aprendiz alcance la competencia comunicativa.

Considerando el escenario descrito, en este capítulo, analizaremos la importancia de la gramática en la especificación del significado. Teniendo en cuenta los argumentos favorables y desfavorables al tratamiento de la gramática en el aula de LE y las diferentes formas de acercamiento a las reglas gramaticales, buscaremos evidenciar la importancia de conocerse el perfil y las necesidades de los estudiantes para que se pueda elegir los procedimientos didácticos más adecuados a cada situación.

2.1 Competencia comunicativa

Antes de tratar de las diferentes posiciones en cuanto a la inclusión o no de la enseñanza de la gramática en el aula de ELE, convienen algunas consideraciones sobre la noción de competencia comunicativa, la cual fue elaborada por Hymes (1972), en oposición al concepto de competencia gramatical del **generativismo**. El argumento de ese estudioso es que la competencia gramatical, en los términos **chomskianos**, excluye las reglas de uso de la lengua.

De ese modo, Hymes (1972) formula el concepto de **competencia comunicativa** como siendo una capacidad de alcance más amplio que permite a un hablante comportarse comunicativamente de forma adecuada. Para ello, además del dominio de las reglas gramaticales de buena formación de frases, es necesario dominar también las reglas que determinan el uso de la lengua en la producción de enunciados adecuados a los contextos discursivos.

Canale y Swain (1980) y Canale (1995) amplían el concepto de competencia comunicativa, que pasa a tener cuatro competencias interrelacionadas: la **competencia lingüística**, la **competencia sociolingüística**, la **competencia discursiva** y la **competencia estratégica**[1]. Aunque todas sean igualmente importantes para el desarrollo de la competencia comunicativa en una lengua extranjera, como nuestro foco en este libro es la enseñanza de la gramática y del vocabulario de la lengua española, daremos énfasis a la competencia lingüística o gramatical. El esquema a seguir resume la caracterización de cada una de esas competencias.

---

1 Aunque más recientemente se han propuesto nuevos modelos teóricos sobre ese tema (Bachman, 1990; Celce-Murcia; Dörney; Thurrell, 1995), para los propósitos de este capítulo, consideraremos la división tradicional como suficiente.

Tabla 2.1 – Caracterización de las competencias que componen la competencia comunicativa

Competencias	Características
Competencia lingüística o gramatical	Se relaciona al dominio de las reglas gramaticales de una lengua que determinan la producción de secuencias bien formadas. Implica el conocimiento de una lengua en los niveles morfosintáctico, léxico, fonético y semántico. Es decir, la competencia lingüística incluye: » el conocimiento de las reglas gramaticales y del vocabulario; » la habilidad de emplear las reglas gramaticales correctamente, combinándolas con un vocabulario adecuado, siguiendo las reglas de pronunciación y las relaciones de significación posibles.
Competencia sociolingüística	Se refiere a la capacidad de adaptar nuestra producción lingüística al contexto social que define la relación entre los participantes de una interacción. Implica, por ejemplo, la habilidad de diferenciar el uso del lenguaje en situaciones formales e informales.
Competencia discursiva	Alude a la habilidad de relacionar las partes de un discurso entre sí y de relacionar nuestro discurso con el discurso de otros interlocutores. En otras palabras, se refiere a la capacidad de articular discursos teniéndose en cuenta los mecanismos de cohesión y coherencia.
Competencia estratégica	Se refiere al desarrollo de las estrategias para aprender una lengua (formulación de hipótesis, lectura selectiva, autocorrección, etc.) y para usarla de modo eficaz (hacer pausas al hablar, saber iniciar y terminar una conversación, usar los gestos como apoyo, etc.). Mientras las primeras son estrategias de aprendizaje, las segundas son estrategias de comunicación.

Fuente: Elaborado con base en Canale, Swain, 1980; Canale, 1995.

Como se ha expuesto en el esquema anterior, la competencia gramatical es una de las competencias que constituyen la competencia comunicativa y, por tanto, es uno de los conocimientos necesarios para que el aprendiz desarrolle su capacidad de comunicarse con eficiencia en la LE. Tal hecho, por sí solo, ya parece justificar la enseñanza de la gramática de una lengua extranjera. Pero, como la inclusión o no de la gramática en las clases todavía sigue siendo tema controvertido, y que ha inquietado a muchos teóricos y profesores de idiomas a lo largo de las últimas tres décadas, no podemos dejar de profundizar un poco más esa cuestión. Comencemos analizando en qué consiste la importancia de la gramática de una lengua.

2.2 El papel de la gramática

En el capítulo anterior, vimos que hay diferentes concepciones de gramática y que tales concepciones surgen de las diferentes formas como los datos lingüísticos son considerados. Sin embargo, independientemente de tales concepciones de gramática, las lenguas poseen gramática, en el sentido de que poseen reglas de organización.

En una visión tradicional, se entiende el término *gramática* como el estudio de la sintaxis y de la morfología. En tal perspectiva, *gramática* es un conjunto de reglas que permiten al hablante elegir las formas correctas de las palabras apropiadas y combinar tales palabras de forma adecuada (Alonso, 1994, p. 82). Según esa tradición, la habilidad para reconocer y producir frases bien formadas es una parte esencial en el aprendizaje de una LE.

No obstante, como indica Thornbury (1999, p. 2-3), hay discusiones sobre cuál sería la mejor forma de desarrollar tal habilidad y sobre qué sería una frase "bien formada". A fin de no alejarnos de nuestros objetivos, no trataremos de tales discusiones, pero, en consonancia con la visión teórica que adoptamos a lo largo de este libro, consideramos que aprender una lengua no se reduce a producir frases u oraciones bien formadas. Otra cuestión que se levanta es el hecho de que, además de la frase, palabras y textos también poseen gramática, puesto que se organizan siguiendo determinadas reglas (Thornbury, 1999, p. 3). Analicemos como la gramática está presente en las palabras abajo:

> niño – jugar – perros

Las palabras *niño*, *jugar* y *perros* conllevan ciertas informaciones, tanto gramaticales como semánticas. Son las informaciones gramaticales, por ejemplo, que nos dicen que la palabra *niño* denota un único individuo (**singular**) del **género** masculino. Además, cualquier hablante nativo de español reconoce por lo menos dos significados básicos en la palabra *niño*. Se trata de un **ser humano** de **poca edad**, o sea, en la lengua española, *niño* no remite a un animal, a un árbol, ni a un ser humano en la edad adulta.

Por otro lado, la morfología de la palabra *perros* nos indica que el **género** es masculino y que se trata de más de un perro (**plural**). En el campo del significado, la palabra denota un animal, mamífero, etc. Ya el vocablo *jugar* (que se interpreta aquí como equivalente al verbo *brincar*, en portugués) es un verbo de acción y, por tanto, requiere un sujeto/agente con el rasgo semántico [+animado].

Se puede observar que, a pesar de que las palabras anteriores codifiquen ciertas informaciones, tales informaciones no son suficientes para comunicar una idea completa. Es decir, si un niño dice *niño jugar perros* en una determinada situación (señalando algo o haciendo algún gesto), a partir de las pistas del contexto, su mamá hasta puede imaginar el significado que el niño quiere transmitir, pero, aún así, podría equivocarse. No obstante, ¿qué pasaría si recibiéramos una nota o una llamada con el mensaje *niño jugar perros*, sin el conocimiento de la situación? Sería prácticamente imposible determinar la idea que se quiere comunicar. A partir de las consideraciones anteriores, analicemos cuál es el papel de la gramática en la construcción del significado de las oraciones siguientes.

a. *El niño siempre juega con los perros.*

b. *El niño está jugando con los perros.*

c. *El niño está jugando alegremente con los perros en el jardín.*

d. *El niño estaba jugando con los perros.*

e. *El niño jugó con los perros.*

f. *El niño jugaba con los perros.*

Se puede decir que las diferentes informaciones gramaticales contribuyen para refinar y especificar los significados de las oraciones, ¿verdad? Como se ve, la naturaleza de tales informaciones es muy diversificada. El determinante *el*, por ejemplo, nos dice que se trata de un niño específico.

En (a), la combinación del adverbio *siempre* y el verbo *juega* (en presente), comunica la idea de que la acción de jugar ocurre habitualmente.

En (b), con la perífrasis *está jugando*, tenemos la información de que la acción está ocurriendo en el momento presente.

En (c) se añade el cómo y el dónde, mediante el adverbio de modo (*alegremente*), y el complemento circunstancial *en el jardín*.

En (d) la perífrasis verbal *estaba jugando* presenta dos tipos de información: una temporal, que nos dice que la acción pertenece al pasado, y otra aspectual, que nos indica una duración de la acción en el tiempo.

Tanto (e) como (f) indican que la acción ocurrió en el pasado, la diferencia está en la información aspectual presente en cada forma verbal:

En (e) la acción es vista como un todo terminado.

En (f) se enfoca el desarrollo de la acción en un determinado momento del pasado, sin interesar su inicio o término.

Según Thornbury (1999, p. 5), las formas gramaticales poseen, por lo menos, dos tipos de significados, que reflejan los dos propósitos principales del lenguaje:

1. Presentar el mundo como nosotros lo experimentamos.
2. Influenciar la forma como las cosas suceden en el mundo, principalmente nuestra relación con otras personas.

Las formas gramaticales mencionadas en los ejemplos anteriores se direccionan al primer propósito. Ya la función interpersonal del lenguaje se refiere al modo como usamos los recursos lingüísticos para lograr nuestros objetivos comunicativos, como tener una petición o un ruego atendido, por ejemplo. Es esta la perspectiva adoptada en los materiales didácticos que siguen una propuesta funcional. Esos materiales parten de las funciones comunicativas, o sea, lo que hacemos con las formas lingüísticas (como *presentarse, tranquilizar a alguien, expresar desagrado, disculparse*, etc.), y no de los contenidos gramaticales propiamente dichos.

Todavía considerando la función interpersonal del lenguaje, compararemos los enunciados siguientes:

    a. *¡Documentos!*
    b. *Documentos, por favor.*
    c. *¿Puede usted mostrarme sus documentos?*
    d. *¿Puedo ver sus documentos?*
    e. *¿Podría yo echar una miradita a sus documentos?*

Obsérvese como el marcador de cortesía *por favor* atenúa la fuerza impositiva de lo que podría ser una orden. Además, recursos gramaticales como el empleo del diminutivo *miradita* y las diferentes formas del verbo modal *poder*, al formularse una orden o una petición de modo indirecto, también producen un efecto atenuante.

Como se ha buscado demostrar, las palabras contienen ciertas informaciones gramaticales, pero esas informaciones solas no son suficientes para la transmisión de significados más precisos. Es entonces que la gramática de la lengua entra en escena, como un conjunto de reglas que posibilitan al hablante elegir las formas adecuadas de las palabras y combinar tales palabras de modo apropiado.

Si no hay dudas en cuanto a la existencia de gramática en las lenguas, la inclusión o no de la enseñanza de la gramática en las clases de LE no es un tema libre de controversias. Por ello, a continuación, comentaremos las diferentes posiciones sobre el tema.

2.3 La enseñanza de la gramática: pros y contras

La enseñanza o no de la gramática en las clases de LE ha despertado muchos debates en las últimas décadas, con voces que se levantan en las dos direcciones. Thornbury (1999, p. 15-20) presenta una relación de los principales argumentos, tanto favorables como desfavorables, en cuanto a la enseñanza de la gramática en las clases de LE. A continuación, detallamos en qué consisten dichos argumentos.

2.3.1 Argumentos favorables a la enseñanza de la gramática

El conocimiento de las regularidades de una lengua, de su gramática, proporciona al aprendiz los medios para que él genere un número potencialmente grande de construcciones. En otras palabras, es mucho más productivo aprender una regla que podrá ser aplicada para producir muchas nuevas oraciones que memorizar todas las construcciones de la lengua que se está aprendiendo.

Como se ha comentado anteriormente, las palabras traen significados y la combinación de determinadas palabras o frases en una secuencia permite cierto grado de comunicación (*niño jugar perros / yo estudiar*). Sin embargo, por ser impreciso, ese tipo de lenguaje también puede comprometer la comunicación – principalmente en el lenguaje escrito, que precisa ser más explícito que el hablado –, o por no ser comprensible o por no ser adecuado. En este caso, se defiende la enseñanza de la gramática, una vez que ella permite refinar el significado y ayuda a prevenir las ambigüedades.

Investigaciones sugieren que los aprendices que no reciben instrucción gramatical estarían más propensos a la fosilización precoz que aquellos que la reciben.

Hay el argumento de que la instrucción gramatical actuaría como un tipo de organizador avanzado en la adquisición de una lengua. Según relata Thornbury (1999, p. 16), el lingüista Richard Schmitd, al observar su propio proceso de aprendizaje de portugués como lengua extranjera, concluyó que las clases de gramática que había tenido antes de llegar a Brasil lo ayudaron a percibir determinados rasgos del habla de los brasileños y que, a la medida que esos rasgos eran notados, más ellos se fijaban. En ese caso, la instrucción gramatical habría contribuido para la adquisición de la LE. Schmidt concluyó que notar determinados rasgos es un requisito para la adquisición de los mismos.

Cualquier lengua, vista desde afuera, puede parecer algo gigantesco y, sin forma, presentándose como un desafío insuperable al aprendiz. Como la gramática consiste en un conjunto de reglas aparentemente finito, ella puede ayudarnos a reducir esa sensación de enormidad que hace con que la tarea de aprender una nueva lengua parezca algo inalcanzable.

Muchos alumnos llegan al aula con la expectativa de que van a aprender la gramática. Tal expectativa puede tener su origen en experiencias de aprendizaje anteriores o en intentos frustrados de aprendizaje de LE (como autodidactas o personas que hacen inmersión en la lengua/cultura meta). Esos alumnos buscan un aprendizaje más eficiente y sistemático en el aula.

2.3.2 Argumentos desfavorables a la enseñanza de la gramática

» Tener el conocimiento sobre como andar en bicicleta (manejar el guidon, mantener el equilibrio y pedalear) no significa que una persona sabe andar en bicicleta. De la misma forma, se argumenta que el conocimiento sobre las reglas gramaticales no garantiza que una persona sepa usar la lengua. En esa perspectiva, el aprendizaje de una lengua pasa a ser visto como una habilidad. Se plantea que, igual que aprendemos a andar en bicicleta andando, aprendemos una lengua por la práctica. Es el aprender haciendo.

» El enfoque comunicativo parte del principio de que conocer una lengua no se limita a conocer su gramática. Una cosa es saber que la construcción *¿Tienes hambre?* es una pregunta en presente y otra cosa es saber que esta forma lingüística, según la situación, puede funcionar como una oferta, una invitación a comer algo o, incluso, como un pedido indirecto. A partir de los años 70, se fortalece da idea de que el conocimiento gramatical es tan sólo uno de los componentes de la competencia comunicativa. En la versión más radical de la enseñanza comunicativa se parte del principio de que el uso de la lengua llevará a su adquisición. Se cree que, participando en situaciones comunicativas, el alumno aprenderá la gramática inconscientemente y que, por tanto, el estudio formal de las reglas es un desperdicio de tiempo.

» Se parte del argumento de que, si somos capaces de aprender nuestra lengua materna sin que nos enseñen las reglas gramaticales, tampoco necesitamos explicaciones gramaticales para adquirir una LE. Esa idea es impulsada por la propuesta de Krashen (1988) que diferencia *aprendizaje* y *adquisición*. Para Krashen, el aprendizaje resulta de la instrucción formal y tiene aplicación limitada en la comunicación real. Ya la adquisición es un proceso natural que ocurre cuando el aprendiz es expuesto a los datos lingüísticos adecuados. En esa perspectiva, se razona que el conocimiento enseñado puede **no** transformarse en conocimiento adquirido.

» Estudios sugieren que hay un orden natural en la adquisición de las categorías gramaticales que independe del orden en que ellas son enseñadas. Tal visión tiene origen en el argumento de Chomsky (1957) de que nacemos con una gramática universal. Essa noción de gramática universal ayuda a explicar las similitudes en el orden en que ciertos elementos gramaticales son adquiridos tanto en la adquisición de la lengua materna como de la lengua extranjera. Surge, así, el argumento en contra de la adhesión a programas gramaticales tradicionales. El argumento del orden natural insiste en que el libro de gramática no es, y nunca será, una gramática mental.

» También ha habido creciente reconocimiento de la importancia del aprendizaje del vocabulario y de secuencias de palabras, como las expresiones y las fórmulas sociales (*Perdóname, ¿Qué pasa?; ¿Ya has estado en...?; ¿Te gustaría...?*), en lugar del aprendizaje de categorías gramaticales abstractas – como subjuntivo, pretérito perfecto compuesto, etc. Se argumenta, por ejemplo, que la adquisición de tales secuencias lingüísticas ahorra el tiempo de planeamiento del aprendiz en una interacción real.

» Así como hay alumnos que llegan a las clases con la expectativa de aprender las reglas gramaticales, también hay aquellos que han tenido años de estudios de gramática y que quieren la oportunidad de poner en práctica su conocimiento.

2.3.3 Fortalecimiento de los argumentos pro gramática

Enseñar o no la gramática es una cuestión que pasa por los diferentes enfoques de enseñanza y que, como se ha tratado de demostrar, desde hace mucho, ha preocupado a los teóricos del área. También son muchos los profesores que aún se agobian ante ese debate, sin saber qué posición adoptar.

Sin embargo, a partir de los años 90, surgen dos nuevos conceptos teóricos que han fortalecido los argumentos pro gramática e influenciado, de algún modo, a los productores de materiales didácticos y también a los profesores de lenguas extranjeras (cf. Sarkhosh; Soleimani; Abdeli, 2012):

1. Atención a la forma (*focus on form*).
2. Concienciación o sensibilización (*consciousness-raising*).

Poner atención a la forma no significa volver a los métodos tradicionales en los que se concebía la gramática como el centro del proceso de aprendizaje. En la perspectiva actual, el foco en la forma puede ocurrir incluso cuando el profesor corrige algún error del aprendiz o aclara alguna duda gramatical. Al señalar determinadas características del sistema gramatical de la LE, el profesor estará despertando la conciencia del aprendiz para dichas características. Aunque tal actitud pueda no llevar a la adquisición inmediata de los rasgos en cuestión, es muy probable que dispare procesos mentales que en el momento oportuno podrán beneficiar la producción del aprendiz.

Coincidiendo con la posición de no pocos teóricos del área de enseñanza/aprendizaje de LE, queremos hacer hincapié en el hecho de que tales conceptos no son vistos como incompatibles con una enseñanza comunicativa, puesto que se considera que la instrucción gramatical explícita y la concienciación puede ser un elemento más a favor de la competencia comunicativa.

2.4 Atención a la forma vs. comunicación

Lightbown y Spada (2007), a partir de una amplia revisión de los estudios recientes realizados con aprendices de L2, presentan algunos datos interesantes. Las mismas autoras reconocen la dificultad de evaluar las reales ventajas y desventajas de las dos visiones de enseñanza – atención a la gramática *vs.* comunicación –, pero, de modo general, los estudios sugieren que la conciliación de las dos prácticas suele presentar resultados positivos para los aprendices. Por otro lado, hay evidencias de que los estudiantes siguen teniendo dificultad con las estructuras básicas de la lengua en programas que ofrecen poca, o ninguna, instrucción con foco en la forma (Lightbown; Spada, 2007, p. 176).

La enseñanza comunicativa, en su versión actual, propone que las actividades de clase estén fundamentalmente orientadas a la creación de oportunidades que lleven a los estudiantes a expresarse y a entender la lengua de forma significativa. Ese planteamiento se basa en la hipótesis de que la instrucción con foco en la forma y también los *feedbacks* correctivos son esenciales para el desarrollo continuado de los aprendices (Lightbown; Spada, 2007, p. 177).

Siguiendo tal perspectiva, hay un cambio significativo en el rol atribuido a la atención gramatical que, de personaje principal en los métodos tradicionales, pasa a ser vista como subordinada a la competencia comunicativa. Es decir, el foco en los aspectos gramaticales será siempre visando a contribuir para el desarrollo de dicha competencia.

Con ello, nuestro desafío como profesores es, principalmente, lograr encontrar el equilibrio entre actividades basadas en el significado y actividades con el foco en la forma. Es muy probable que ese equilibrio sea diferente según las características de los aprendices (edad, nivel de conocimiento metalingüístico, experiencias escolares anteriores, motivación, objetivos, similitudes entre la lengua meta y la lengua materna, etc.), las cuales se debe tomar en cuenta a la hora de decidir el **cuánto** de atención vamos a dar a la forma y **qué tipo** de forma debe recibir un tratamiento más o menos explícito[2].

Ante lo expuesto, consideramos que, en la práctica, la polémica sobre cuál tratamiento adoptar (¿el gramatical o el comunicativo?) se resuelve a favor del buen senso. Al fin y al cabo, somos los profesores que debemos ser sensibles a las necesidades y características de cada grupo de aprendices. Por ejemplo, un alumno que estudia español para hacer una prueba escrita en un concurso ciertamente tendrá más necesitad de instrucción gramatical explícita que el alumno que estudia español porque va a trabajar en una empresa internacional o va a hacer un viaje a algún país hispano y necesita la lengua para comunicarse.

Teniendo en cuenta que el foco no es si debemos o no enseñar gramática, volcamos nuestra atención a otras cuestiones que nos parecen más productivas y aclaradoras. ¡Vamos al **cómo**!

¿Cómo podemos tratar la gramática de forma a contribuir para

---

[2] Algunos aspectos de la lengua meta parecen ser aprendidos más fácilmente por la simple exposición a los datos lingüísticos. Ese es el caso, por ejemplo, de aquellas palabras usadas con más frecuencia y los patrones gramaticales que coinciden con los de la lengua materna del aprendiz. Sin embargo, hay otros rasgos de la L2 que, probablemente, serán adquiridos de forma más eficiente con la ayuda de la instrucción (Lightbown; Spada, 2007, p. 178). Además, la instrucción orientada a la forma puede tener un papel importante para la adquisición de aquellos rasgos de la L2 que sufren influencia de la lengua materna de los aprendices, particularmente cuando hay similitudes engañosas entre la lengua materna y la L2, como creemos ser el caso del español y del portugués. De ese modo, puede haber mayor dificultad de percepción de las diferencias en los grupos en que los alumnos comparten la misma lengua materna y, debido a su influencia, refuerzan sus errores mutuamente.

el desarrollo de la competencia gramatical y, por consiguiente, de la competencia comunicativa de nuestros alumnos? ¿Cuál es la mejor forma de abordar la gramática en la clase de lengua española? ¿Todos los alumnos aprenden del mismo modo? ¿Cuándo debemos enseñar la gramática? Esas son las principales cuestiones de las cuales nos ocuparemos a lo largo de este capítulo y que orientarán las propuestas didácticas del capítulo siguiente.

2.5 ¿Cómo enseñar gramática?

A lo largo del tiempo y de los diferentes enfoques de enseñanza de LE, el tratamiento de la gramática ha presentado, de modo general, dos tipos de procedimientos:

1. El deductivo.
2. El inductivo.

2.5.1 Enseñanza deductiva

En la enseñanza deductiva, el profesor o el libro didáctico presenta la regla y después se demuestra su empleo mediante algunas frases u oraciones. El paso siguiente será la realización de una serie de ejercicios. A modo de ejemplificación, veamos el modelo presentado por Alonso (1994, p. 83) al tratar de esa forma de enseñanza: "La diferencia entre 'muy' y 'mucho' es que 'muy' va seguido de adverbios y adjetivos y 'mucho' va seguido de nombre o va detrás de un verbo modificando a éste. Vamos a ver unos ejemplos y luego haremos unos ejercicios para practicar".

Cada vez que partimos de la explicación de una regla gramatical, estamos usando un procedimiento deductivo. Como veremos a continuación, esa forma de abordar la gramática en la clase de LE también presenta ventajas y desventajas (Thornbury, 1999, p. 30).

Empecemos por las principales **desventajas**:

» Iniciar una unidad del libro con la presentación de reglas gramaticales puede desmotivar a algunos estudiantes, sobre todo los más jóvenes, ya que ellos pueden no conocer la terminología empleada (pronombre, complemento indirecto, etc.) o no entender los conceptos referidos.
» La explicación gramatical incentiva un estilo de clase centrado en el profesor y en la transmisión del conocimiento.
» La enseñanza deductiva refuerza la creencia de que aprender una lengua es simplemente conocer sus reglas gramaticales.

Entre las **ventajas** de la enseñanza deductiva están las siguientes:

» Permite ir al grano y, por ello, se ahorra tiempo. Muchas reglas pueden ser explicadas de forma más simple y rápida, lo que no ocurriría se fueran demostradas con ejemplos.
» Respeta la inteligencia y madurez de muchos estudiantes, especialmente los adultos.
» Atiende a las expectativas de muchos estudiantes sobre el aprendizaje en el aula, principalmente aquellos que tienen un estilo de aprendizaje más analítico.

2.5.2 Enseñanza inductiva

En la enseñanza inductiva, el profesor provee algunos ejemplos contextualizados, a partir de los cuales los aprendices podrán inferir una regla determinada. Por ejemplo, si el profesor quiere llamar la atención para la diferencia en el uso de los verbos *estar* y *hay*, en español, él puede presentar un cartel o una diapositiva con imágenes (como una plaza, un parque, etc.).

A partir de la imagen, el profesor puede hacer preguntas como:

» ¿Qué <u>hay</u> en la plaza?
» ¿<u>Hay</u> personas en la plaza?
» ¿Qué otras cosas <u>hay</u> en este sitio?
» ¿Dónde <u>están</u> los pájaros?
» ¿Dónde <u>están</u> las personas?
» ¿Qué están haciendo?

Teniendo en cuenta los ejemplos contextualizados y el contraste entre las dos formas, los aprendices tendrán condiciones de formular hipótesis y de inferir la regla implícita de que:

» La forma invariable del verbo *haber* (*hay*) se usa para hablar de la existencia o no de personas, animales objetos, etc.

Ejemplo:

Hay personas y pájaros en la plaza.

» Se emplea el verbo *estar* para indicar localización, condición o estado.

Ejemplos:

Los pájaros están en el árbol.

Las personas están charlando.

El hombre está preocupado.

Pero no es necesario ir tan lejos, incluso los recursos que tenemos en el aula podrían servir de apoyo al tratarse este tema gramatical inductivamente. Por ejemplo, el profesor dice:

» *¡Hay algunos bolígrafos sobre mi mesa! ¿Qué otros objetos hay en el aula?*

Después que los alumnos hayan participado produciendo otros enunciados con la forma impersonal *hay* (*hay un cuaderno y un bolígrafo sobre mi mesa*), el profesor vuelve a preguntar:

» *¿Anita, dónde está tu cuaderno?*

Como hemos buscado evidenciar, en la enseñanza inductiva se instiga a los aprendices a descubrir la regla por ellos mismos, a partir de los ejemplos facilitados por el profesor o por el libro didáctico. Así, esta forma de enseñanza/aprendizaje ofrece las siguientes **ventajas** (adaptado de Thornbury, 1999, p. 54-55):

» El esfuerzo mental que envuelve la descubierta de una regla garantiza mayor profundidad cognitiva, lo que significa que la regla quedará retenida en la mente y podrá ser accedida otras veces. O sea, las reglas descubiertas se fijarán mejor en la mente y serán más fácilmente recordadas por el aprendiz que aquellas reglas que le son dadas deductivamente.

- » Hay una participación más activa de los estudiantes en el proceso de aprendizaje, lo que podrá resultar en alumnos más atentos y motivados.
- » Favorece las habilidades de reconocimiento de patrones y resolución de problemas, siendo especialmente apropiada a los estudiantes aficionados a los desafíos.
- » Si la resolución de los problemas se da de forma colaborativa (y en la lengua meta), los aprendices ganan una oportunidad más para practicar la lengua.
- » El descubrimiento de las reglas por los propios aprendices les proporciona mayor autoconfianza y les posibilita desarrollar su autonomía en el proceso de aprendizaje.

Las **desventajas** del tratamiento inductivo incluyen:

- » El tiempo y la energía empleados en el descubrimiento de reglas puede llevar a los estudiantes a pensar que las reglas son el objetivo del aprendizaje de la lengua y no el medio.
- » Los estudiantes pueden deducir la regla de forma equivocada o la explicación puede ser muy amplia o muy limitada.
- » Es probable que exija mayor planificación de los profesores, ya que tendrán que seleccionar y organizar los datos cuidadosamente para que puedan llevar a los aprendices a formular la regla adecuada.
- » La enseñanza inductiva frustra a aquellos estudiantes que, sea por su estilo de aprendizaje o por su experiencia de aprendizaje anterior (o ambos), prefieren que la regla les sea simplemente facilitada.

Tras todo lo expuesto hasta aquí, es muy probable, y también natural, que el lector se haga el siguiente cuestionamiento: Si las dos formas de enseñanza presentan ventajas y desventajas, ¿cuál de ellas sería la más adecuada para el tratamiento de la gramática en la clase de español?

Consideramos que el argumento de que la enseñanza inductiva favorecería el desarrollo de la autonomía del aprendiz es un punto muy favorable al uso de tal procedimiento. Sin embargo, hay que tener en cuenta que los resultados de estudios sobre los beneficios del uso de una u otra forma de enseñanza no son conclusivos.

Siendo así, una vez más, tendremos que recurrir a nuestro ya conocido buen senso. Los dos modos de trabajar los contenidos gramaticales son válidos, pero debemos tener en cuenta algunos aspectos más. Como nos aconseja Nicholls (2001, p. 88):

Para minimizar os efeitos de uma gramática explícita, as formas aprendidas devem ser incorporadas a atividades orais onde [sic] *sua relação com outros aspectos gramaticais pode ser observada. Do contrário, o aluno ficará com a impressão de que a língua consiste apenas de regras isoladas, em vez de elementos de um sistema interativo. Assim, deve-se cuidar para que o ensino da gramática não se transforme num fim em si mesmo, com a única meta de levar o aluno a descrever a língua.*

A partir de la cita anterior, ponderamos que, teniendo el cuidado de no presentar las reglas gramaticales de forma aislada, el procedimiento deductivo puede funcionar bien con aprendices adultos motivados, que tengan algún conocimiento previo de la LE y que desean profundizar sus conocimientos gramaticales. Ya el procedimiento inductivo es más adecuado a los aprendices jóvenes (incluso adolescentes y niños) que aún no poseen la capacidad de abstracción que la aplicación de reglas exigiría.

Finalmente, será el profesor quien decidirá sobre las formas de proceder según el grado de complejidad de la estructura que se quiere enseñar y las características y necesidades de su alumnado.

A modo de conclusión de este capítulo, esperamos que las discusiones, las reflexiones y los conceptos presentados puedan ayudarles a comprender mejor las diferentes perspectivas relacionadas al tratamiento de la gramática en la clase de ELE. Creemos que, al conocer los diferentes posicionamientos sobre el tema, los pros y los contras, el profesor tendrá más condiciones de tomar decisiones sobre cuál procedimiento se conforma mejor a las necesidades de sus alumnos.

Síntesis

A partir de la noción de que la competencia lingüística es uno de los elementos necesarios para el desarrollo de la competencia comunicativa y de que las lenguas poseen reglas de organización, buscamos identificar la función que desempeña la gramática de una lengua en la construcción del significado. A partir del análisis de los ejemplos, se concluye que la gramática de una lengua es un recurso necesario para refinar, especificar, crear y ampliar significados. O sea, decir *mujer bailar* no es lo mismo que decir que *una mujer está bailando* o que *esta mujer baila bien*.

También se presentó algunas de las diferentes posiciones en cuanto a la enseñanza (o no) de la gramática en la clase de LE. A pesar de haber fuertes argumentos tanto favorables como desfavorables a la enseñanza formal de la gramática, actualmente hay un consenso de que es posible combinar la instrucción gramatical con objetivos comunicativos. En esa perspectiva, el tratamiento gramatical no constituye un fin en sí mismo, ya que debe estar al servicio de la comunicación.

Por fin, se presentó las diferentes formas de abordar las reglas gramaticales en la clase de lengua española y, a pesar de que todavía hay algunas controversias, es posible concluir que la elección de la enseñanza deductiva o inductiva va a depender de factores como la edad, el objetivo y los estilos de aprendizaje de los estudiantes.

Por lo tanto, como profesores de lengua española, tenemos la responsabilidad de evaluar las características y las necesidades de aprendizaje de nuestros alumnos antes de definir cuál es el mejor procedimiento a adoptarse en cada grupo o en cada caso.

Indicación didáctica

SALAZAR, V. Gramática y enseñanza comunicativa del español–lengua extranjera. **Marco ELE–Revista de didática Español Lengua Extranjera**, n. 2, abr. 2006. Disponible en: <http://marcoele.com/descargas/2/salazar-gramatica_y_ensenanza_comunicativa.pdf>. Accedido el: 23 feb. 2013.

Este es un sitio destinado a profesores de lengua española y trae propuestas de actividades, entrevistas y artículos relacionados con la enseñanza de español como lengua extranjera.

Actividades de autoevaluación

1. Señale con V (verdadero) o F (falso) las afirmaciones relativas al concepto de competencia comunicativa. Después elija la alternativa correcta:

    ( ) La competencia comunicativa, propuesta por Hymes (1972), no incluye las reglas de uso de la lengua.

( ) La competencia gramatical, en los términos del generativismo, engloba las reglas de uso de la lengua según los diferentes contextos.

( ) Ser un hablante comunicativamente competente no depende únicamente del dominio de las reglas gramaticales.

( ) La competencia lingüística es una de las competencias necesarias para el desarrollo de la competencia comunicativa.

a. V, V, F, F.
b. F, F, V, V.
c. V, F, V, F.
d. F, V, F, V.

2. Considerando el papel de la gramática, analice si las afirmaciones son V (verdaderas) o F (falsas) y señale la opción correcta:

( ) En un sentido amplio, el término *gramática* equivale a las reglas de organización que las lenguas poseen.

( ) La morfología de una palabra nos permite identificarla como un nombre masculino, femenino, singular o plural. En ese sentido, las palabras también poseen gramática.

( ) Solamente las oraciones de una lengua poseen gramática.

( ) El significado preciso de una oración independe de las informaciones aportadas por las estructuras gramaticales.

a. V, V, F, F.
b. F, F, V, V.
c. V, F, V, F.
d. F, V, F, V.

3. Considerando los argumentos favorables a la enseñanza de la gramática, señale con V (verdadero) o F (falso) e indique la alternativa correcta:
   ( ) Debido a experiencias, bien sucedidas, de aprendizaje fuera del ambiente del aula, muchos alumnos buscan la sistematización que la enseñanza de la gramática ofrece.
   ( ) El conocimiento gramatical permite precisar mejor los significados, por eso ayuda a evitar la producción de enunciados ambiguos.
   ( ) La memorización de oraciones de una lengua es más ventajosa que el conocimiento de las reglas que permiten formar numerosas oraciones.
   ( ) La ausencia de los recursos gramaticales, especialmente en los textos escritos, puede afectar negativamente la comunicación.
   a. V, V, F, F.
   b. F, F, V, V.
   c. V, F, V, F.
   d. F, V, F, V.

4. A partir de los argumentos contrarios a la enseñanza de la gramática, indique la alternativa correcta:
   a. Según la hipótesis de la gramática universal, el orden de adquisición natural coincide con los programas gramaticales seguidos en los libros didácticos.
   b. El hecho de que una única construcción gramatical puede adquirir diferentes funciones en el uso (pedir, ofrecer, invitar) refuerza el argumento de la enseñanza comunicativa de que conocer una lengua va más allá de conocer su gramática.

c. El aprendizaje de secuencias de palabras, como las expresiones y fórmulas sociales, exige mucho tiempo de planificación del aprendiz en situaciones comunicativas reales.

d. Krashen (1988) diferencia adquisición y aprendizaje. En esa perspectiva, el aprendizaje ocurre naturalmente cuando el aprendiz es expuesto a los datos lingüísticos.

5. En cuanto a las diferentes formas de enseñar las reglas gramaticales, señale la afirmación **incorrecta**:

   a. Al utilizar terminología y conceptos gramaticales, la enseñanza deductiva puede ser poco motivadora para aprendices muy jóvenes.

   b. El tratamiento inductivo de las reglas gramaticales favorece la participación de los estudiantes en el proceso de aprendizaje.

   c. Al posibilitar que los propios aprendices descubran las regularidades en la formación y uso de ciertos temas gramaticales, la enseñanza deductiva propicia que desarrollen su autonomía.

   d. En la enseñanza inductiva se parte de la explicación de la regla gramatical, se facilitan algunos ejemplos y después los aprendices realizan ejercicios.

Actividades de aprendizaje

Cuestión para reflexión

Seleccione un libro de español como LE y analice si se da mayor énfasis a la forma, a la comunicación, o si combina los dos aspectos.

Capítulo 3

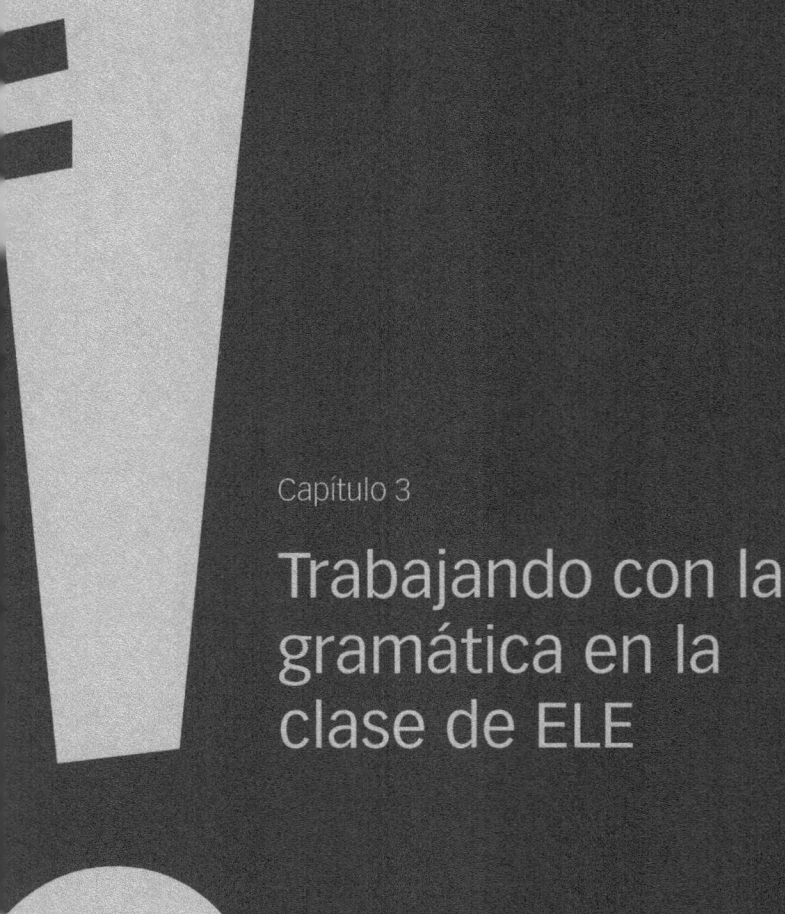

Trabajando con la gramática en la clase de ELE

Mientras los dos primeros capítulos estuvieron dedicados a algunos aspectos más teóricos sobre la gramática y su enseñanza, en este capítulo buscamos acercarnos a las cuestiones prácticas. Así, nuestro principal objetivo es ofrecer algunas sugerencias de cuándo y, sobre todo, cómo el profesor puede trabajar los contenidos gramaticales en el aula de lengua española, empleando diferentes técnicas y recursos como textos, juegos y canciones.

3.1 ¿Cuándo enseñar gramática?

Como profesores de ELE, cada vez que iniciamos un curso, nos encontramos con un programa de contenidos que debe trabajarse en un tiempo determinado. ¿Verdad? Por eso es importante planificar las clases y prever cuánto tiempo vamos a dedicarle al tratamiento de la gramática y en qué momento de la clase ese tratamiento tendrá lugar. Como veremos a continuación, hay diferentes posibilidades de inclusión de la gramática durante las clases (adaptado de Alonso, 1994, p. 87):

» Se pueden dedicar clases especiales a la gramática. Se explica a los alumnos que el objetivo de la clase es trabajar una estructura gramatical específica. Ese tipo de clase no tiene porqué considerarse como sinónimo de aburrimiento y monotonía, pues hay diferentes maneras de trabajarse los contenidos gramaticales.

» Además, es posible incluir la gramática en pequeños espacios dentro de las clases. Por ejemplo, en un grupo que tiene dos clases por semana, se puede trabajar la gramática en una de las clases o usar la mitad de cada clase.

» La gramática también se puede trabajar sin planificarse. En esa propuesta, sólo se recurre a la gramática cuando haya una necesidad específica por parte del alumnado.

En cuanto a ese último punto, Alonso (1994, p. 87) nos alerta que tal forma de tratamiento de la gramática puede ser peligrosa. Ello sería porque las preguntas imprevisibles pueden poner nerviosos a los profesores, sobre todo aquellos que no tienen mucha confianza o con poca experiencia, lo que podrá resultar en respuestas poco reflexivas y confusas. Personalmente, creemos que la planificación del tiempo que vamos a dedicar a las cuestiones gramaticales es importante. Pero, ¿qué hacer con aquellas dudas gramaticales que surgen fuera de los momentos dedicados al tratamiento gramatical, o que no estaban previstas? Primeramente, el profesor debe evaluar si es posible aclarar la duda en aquel momento. Para ello, hay algunas preguntas básicas que se puede hacer, tales como:

- » ¿Esta regla está suficientemente clara para mí?
- » ¿Cuánto tiempo será necesario para explicarla?
- » ¿Es posible interrumpir la actividad que está en marcha sin comprometerla?

Caso el profesor llegue a la conclusión de que aquél no es el mejor momento, él debe pedir que el alumno tenga un poco de paciencia y explicarle que aquel contenido será tratado en la(s) próxima(s) clase(s), por ejemplo. En ese caso, ¡es fundamental que el profesor cumpla lo prometido!

El tiempo que vamos a dedicar a los aspectos gramaticales en nuestras clases va a depender, entre otros factores, de la edad de los alumnos, el nivel de conocimiento de la lengua meta y de los intereses específicos de cada grupo.

3.2 Formas de practicar la gramática en el aula de ELE

Desde diferentes enfoques y metodologías de enseñanza de lenguas extranjeras, surgen distintas posibilidades de practicar la gramática mediante actividades variadas. El surgimiento de la enseñanza comunicativa de lenguas extranjeras (ECLE) pone en marcha un proceso de debilitamiento del modelo tradicional de clase de LE – en el que el principal interés era el dominio de diferentes temas gramaticales con prácticas controladas, como la memorización de diálogos y las repeticiones mecánicas –, privilegiándose las actividades en pareja o en grupos, simulación de situaciones del cotidiano y proyectos o tareas.

Así, es innegable que adoptar actividades de orientación comunicativa implica en un cambio de actitud de docentes y discentes. En esa perspectiva, los estudiantes precisan tener una postura más cooperativa para la realización de las actividades en el aula. Ellos necesitan aprender a escuchar a sus compañeros durante la realización de las tareas en parejas o grupos, en vez de valerse de su profesor como único modelo.

Se espera que los aprendices asuman mayor responsabilidad por su aprendizaje y que los profesores actúen como facilitadores de ese aprendizaje (Richards, 2007, p. 6-7). En este capítulo, se dará mayor énfasis a las sugerencias de actividades de naturaleza comunicativa, pero algunos autores suelen diferenciar entre tres tipos de práctica: mecánica, significativa y comunicativa (Richards, 2007, p. 29).

La **práctica mecánica** tuvo su origen en el método audiolingual, que partía del principio de que los ejercicios de repetición evitarían los errores y ayudarían a formar buenos hábitos gramaticales. Ejemplos de ese tipo de práctica son los ejercicios de repetición o de sustitución elaborados para la práctica de determinados ítems gramaticales. Ejemplos:

> Transforma las frases siguiendo el modelo:
> a. [A mí] me gustan las noches frías. ¿Y a ellos? A ellos les gustan las noches frías.
> b. [A ella] le gustan las manzanas rojas. ¿Y a ti?

Tales ejercicios, a menudo, no están insertados en un contexto comunicativo, limitándose a la práctica mecánica de estructuras. Con el surgimiento de la ECLE, ese tipo de ejercicio pierde espacio y se pasa a cuestionar su eficacia, ya que el desempeño de los estudiantes parece ser mejor cuando ellos asumen un rol más activo en el proceso de aprendizaje.

La **práctica significativa** se refiere a actividades en las que, aunque sean controladas, los alumnos deben hacer elecciones significativas durante su realización. En esa modalidad de actividad, se seleccionan determinados fenómenos gramaticales para que el estudiante practique con ellos. Pero, diferentemente de lo que sucede en los ejercicios puramente estructurales, en las actividades de práctica significativa el contexto es un elemento esencial. La práctica con los fenómenos gramaticales destacados ocurrirá en un contexto específico, con el intercambio de informaciones, opiniones, etc. De ese modo, los aprendices pueden descubrir un nuevo ítem gramatical a partir de la forma cómo es usado en un texto[1].

Hay que añadir que las **actividades de sensibilización** (*consciousness raising*) presentan algunas características que también pueden llevar a la práctica significativa. El objetivo de ese tipo de actividad es despertar en los aprendices la consciencia de la existencia de ciertos fenómenos de la gramática de la lengua meta. Una de las formas de lograrse dicha concienciación es destacar aquellos rasgos que se pretende enseñar o que deben ser interiorizados por los aprendices. De modo a resaltar los

---

1 Caben aquí algunas consideraciones sobre la cuestión de los textos auténticos. Si por un lado hay los defensores de que el uso de las estructuras es mejor asimilado por el aprendiz mediante textos auténticos, por el otro se argumenta que los materiales producidos posibilitan reunir más muestras contextualizadas de la estructura que se quiere enseñar. Hay varios pros y contras sobre esa cuestión, pero cabe al profesor analizar los recursos disponibles, las posibilidades y necesidades de elaborarse los textos.

fenómenos gramaticales, el profesor podrá, de acuerdo con Giovannini et al. (adaptado, 1996b, p. 24):

- » subrayarlos en un texto completo y pleno de significado;
- » poner juntas varias frases o expresiones que los contienen;
- » pedir que los alumnos los produzcan a partir de algún estímulo significativo;
- » proponer que los aprendices tomen nota de las descubiertas en una gramática personal.

Para poner un ejemplo, el texto siguiente podría utilizarse en una actividad de sensibilización para los usos de los pretéritos simple y compuesto, en el español peninsular.

> **Unos días en la vida de Lola**
> **La semana pasada**, Lola **se levantó** tarde todos los días, pues estaba de vacaciones. El lunes, **aprovechó** para arreglar su casa y sus ropas. El martes, **fue** al cine con una amiga y **vieron** *Volver*, una película de Pedro Almodóvar. El miércoles, visitó a sus abuelos. Los otros días, sólo **descansó**, reponiendo las fuerzas para la semana siguiente.
> **Hoy** es lunes y Lola **se ha levantado** muy temprano, pues es su primer día de trabajo después de las vacaciones y no quiere retrasarse. **Ha desayunado** pan con mantequilla y café con leche. **Se ha arreglado** muy bien y después **ha caminado** hasta la estación de autobuses. ¡Cómo en los viejos tiempos!

Tras la lectura del texto, el profesor llama la atención para las formas que están destacadas. Se puede, por ejemplo, hacer preguntas a los aprendices sobre las diferencias entre las construcciones *se levantó* y *se ha levantado*, que aparecen en el texto, llevándolos a inferir la relación con los marcadores de temporalidad (*la semana pasada, hoy*).

Con tal procedimiento, los alumnos podrán percibir que, mientras el pretérito simple se relaciona con las acciones terminadas en un tiempo también terminado, el compuesto se refiere a las acciones que, a pesar de terminadas, incluyen un marco temporal de actualidad (*hoy, esta semana, este año*, etc.). Por fin, el profesor podrá pedir que los estudiantes cuenten lo qué hicieron *ayer* y lo qué han hecho *hoy*. De esa manera, los aprendices tendrán la oportunidad de emplear las nuevas estructuras para comunicarse de forma significativa.

Las **actividades comunicativas** se centran en la práctica del uso del lenguaje, objetivando despertar en el aprendiz el deseo y la necesidad de comunicarse. El foco principal está en el contenido y no en la forma o en las estructuras. En las actividades con propósitos comunicativos, los alumnos recurren a los conocimientos que ya poseen de la lengua meta, improvisan, usan estrategias de comunicación, etc. El profesor no interfiere durante la realización de la actividad para hacer correcciones, pues lo que importa es que el alumno consiga expresarse y comunicarse de forma significativa.

Un aspecto importante en la enseñanza comunicativa es la noción de vacío de información, puesto que en las interacciones reales, a menudo, las personas se comunican con el objetivo de obtener informaciones que no poseen. Un modelo de trabajo que utiliza el principio de llenar lagunas de información son las actividades en pareja en las que cada componente posee las informaciones que el otro necesita.

Por ejemplo, el profesor hace copias de dos figuras parecidas (una habitación desordenada, un grupo de personas, etc.), pero que posean algunas diferencias entre ellas. Distribuye una copia para el alumno A y otra para el alumno B. Sentados de modo que no vean la hoja del compañero o de la compañera, los alumnos hacen preguntas para intentar descubrir cuáles son las diferencias y semejanzas entre las dos imágenes.

Actualmente no es raro encontrar la combinación de los tres tipos de prácticas anteriores en muchos libros didácticos con propuestas comunicativas, siendo usual la presentación de series de ejercicios que llevan al alumno de la práctica mecánica a la práctica significativa y comunicativa o viceversa.

3.3 La enseñanza basada en tareas (EBT)

Las actividades de naturaleza comunicativa están en el centro de la enseñanza basada en tareas (EBT), la cual pone de relieve la realización de tareas con el foco en el significado, pero sin abandonar la atención a la forma. A continuación, sintetizamos algunas de las principales ideas de la EBT y buscamos demostrar cómo ocurre la atención a la forma en esta propuesta.

- » La EBT es una metodología desarrollada a partir del énfasis en los procesos que suceden en el aula. Desde esa perspectiva, se defiende que la adquisición de la lengua surge de los procesos interactivos y que las tareas son la mejor manera de producirlos. Pero, ¿qué se entiende por tareas? En el sentido en el que se ha utilizado el término en la actualidad, son actividades en las que el aprendiz usa la lengua meta con objetivos comunicativos (Willis, 1996, p. 23). Las tareas objetivan la obtención de un resultado en un tiempo determinado y se desarrollan en varias etapas.

- » Los defensores de la EBT argumentan que se puede desarrollar el conocimiento gramatical a partir de la realización de las tareas comunicativas. Pero, como todavía estamos muy acostumbrados a una tradición de enseñanza de lenguas basada en programas que parten de los contenidos gramaticales y que los presentan de forma lineal, muchos profesores resisten en aceptar la nueva perspectiva ofrecida por la EBT. Ello se debe a que la EBT no está preocupada con la enseñanza lineal de la gramática, puesto que, en un primer momento, el énfasis está en los significados y en los procesos comunicativos[2]. Willis (1996) propone seis tipos de tareas:

1. **Enumeración** – Por ejemplo, los alumnos elaboran una lista de cosas que llevarían a un campamento, a la playa, a un viaje al extranjero, etc.
2. **Clasificar y ordenar** – Los alumnos trabajan en parejas para elaborar una relación de las características necesarias para un empleo ideal.
3. **Comparación** – Los aprendices comparan anuncios de dos empresas diferentes.
4. **Resolución de problemas** – Expresar hipótesis sobre problemas de la vida real, describir experiencias, etc.
5. **Compartir experiencias personales** – Discutir sus reacciones ante algún dilema.
6. **Tareas creativas** – Como, por ejemplo, planear un viaje.

---

[2] Además de la tradición de presentación de los contenidos gramaticales, siguiendo una secuencia lineal (por ejemplo, empezar enseñando los verbos en presente, los verbos regulares, etc.), la enseñanza tradicional de lenguas privilegió un modelo de clase que se ha llamado PPP (presentación-práctica-producción). En ese formato de clase, el profesor presenta la estructura gramatical nueva, mediante una conversación o un texto, provee la explicación y verifica si los alumnos la comprendieron. En un segundo momento, los alumnos practican la estructura nueva en un contexto controlado, con ejercicios de repetición o sustitución. Por último, los alumnos practican la estructura de forma más libre, en contextos diferentes y utilizando sus propias informaciones.

A partir de esa clasificación, el profesor puede elaborar sus propias tareas o, incluso, adaptar algunas propuestas del libro didáctico que usa. Como nuestra intención en este apartado es acercar al lector a la forma como la EBT concibe la/el enseñanza/aprendizaje de LE y el trabajo con los aspectos gramaticales, presentamos, a continuación, un esquema que sintetiza la estructura de división de las tareas, según la propuesta de Willis (1996).

Figura 3.1 – Compontes de la estructura de la EBT

Actividades previas a la tarea
Introducción al tema y a la tarea
El professor explota el tema con el grupo, enfatiza palabras y frases útiles y contribuye para que los alumnos comprendan las instrucciones de la tarea.

Ciclo de tareas		
Tareas	*Planificación*	*Relato*
Los alumnos realizan la tarea en parejas o en pequeños grupos. El profesor surpervisa sin interferir e incentiva a los alumnos en sus intentos de comunicación en la lengua meta.	Los estudiantes se preparan para relatar a toda la clase, oralmente o por escrito, cómo ellos realizaron la tarea, lo qué decidieron y lo qué descubrieron.	Los grupos presentan sus relatos a la clase, o intercambian los relatos escritos, y comparan sus resultados.

El enfoque en le lenguaje	
Análisis	*Práctica*
Los estudiantes analizan y discuten las características específicas del texto o de la transcripción de la grabación que escucharon.	El profesor organiza la prática de nuevas palabras, frases y patrones observados en los datos, sea durante o después del análisis

Fuente: Adaptado de Willis, 1996.

Como demuestra la Figura 3.1, en la EBT el foco inicial está en familiarizar a los alumnos con un determinado tema y presentarles la tarea que se realizará. En el segundo momento, se direcciona el foco para la realización de las tareas propiamente dichas, con el objetivo de promover las interacciones. El foco en la forma sólo ocurre al final del proceso. Esa división refleja la creencia de la EBT de que el aprendiz adquiere la conciencia del lenguaje y de la necesidad de dominar el uso de ciertas estructuras a partir del propio desempeño en las tareas.

Teniendo en cuenta las consideraciones anteriores sobre la EBT, pasamos a presentar un ejemplo de actividad con lagunas de información, la cual se realiza en parejas y promueve la interacción entre los participantes, a fin de obtener un resultado final. En ese tipo de actividad, cada alumno recibe informaciones incompletas que deberán ser completadas con la ayuda del compañero para que se pueda concluir la tarea.

Hablando de gustos ¿playa o campo?

Pilar y Paco son novios y quieren hacer un viaje juntos, pero todavía no han decidido el destino. Habla con tu compañero(a) para descubrir los gustos de cada uno. ¿Cuál sería la mejor opción de viaje para ellos? Discute con tu compañero(a) y después presenten sus conclusiones a todo el grupo.

a.

	Pilar	Paco
La naturaleza	muchísimo	mucho
Encontrar personas	bastante	?
Comer pescado	muchísimo	?
Andar a caballo	nada	no mucho
Los perros	no mucho	?
La tranquilidad	no mucho	nada
Cocinar	nada	?
La paella	mucho	mucho
Caminar	mucho	?
Salir de copas	muchísimo	?

b.

	pilar	paco
La naturaleza	muchísimo	mucho
Encontrar personas	?	mucho
Comer pescado	?	muchísimo
Andar a caballo	nada	no mucho
Los perros	?	nada
La tranquilidad	no mucho	nada
Cocinar	?	bastante
La paella	mucho	muchísimo
Caminar	?	mucho
Salir de copas	?	bastante

» **Actividades previas** – El profesor puede introducir el tema hablando de sus propias preferencias, enseñando fotos de diferentes paisajes a los alumnos e incentivándoles a hablar sobre los lugares que prefieren (*¿Cuál de estos sitios les gusta más? ¿Qué no les gusta de estos paisajes? ¿Por qué...?, etc.*). También se puede hacer una lluvia de ideas sobre actividades que se suele realizar en la playa o en el campo. Después de la introducción al tema, el profesor les explica cuál será la tarea.

» **Ciclo de tareas** – Durante la realización de la tarea, el profesor pasea por el aula supervisando y, cuando sea necesario, ayuda a los alumnos a elaborar lo que quieren decir, pero sin hacer correcciones relacionadas con la forma. La fase de planificación de la actividad les ayudará a prepararse para el relato. Ellos preparan un borrador de lo que quieren decir. Es el momento de organizar las informaciones que van a presentar al grupo.

En esta fase, el profesor puede dar algunas informaciones y sugerencias que ayuden a mejorar la claridad, la organización y la precisión de las informaciones, pero siempre incentivando a que los alumnos usen el diccionario. Además del diccionario, los aprendices también pueden consultar gramáticas y los mismos compañeros. El relato para la actividad propuesta podría resultar en algo como:

> Les *gustan la naturaleza. Les *gustan encontrar personas, comer pescado, la paella, caminar y salir de copas con los amigos. No les gusta andar a caballo, la tranquilidad, los perros y cocinar. La mejor opción de viaje para ellos sería la playa.

» **El enfoque en el lenguaje** – Es en esta fase que se da el trabajo con los aspectos gramaticales. Según sus objetivos y las dificultades verificadas en la elaboración de los relatos, el profesor puede, por ejemplo, pedir que los aprendices subrayen todos los verbos *gustar* utilizados e identifiquen el elemento con el cual el verbo está concordando.

También se puede poner en la pizarra algunas construcciones usadas por los alumnos para que, juntos, analicen cuando se usa *gusta* o *gustan*. Para finalizar, a partir de las dificultades presentadas en los relatos, es posible proponer varias actividades suplementares de modo a posibilitar que los aprendices practiquen y perfeccionen el uso de las construcciones con ese tipo de verbo. Un ejemplo sería pedir que los alumnos construyan frases, a partir de los elementos dados, poniendo los verbos en la forma adecuada:

> A Pilar / naturaleza / gustar / la.
> Pilar / A Paco / y / gustar / encontrar personas / a.
> A ellos/ no / los perros / gustar.
> A Pilar / gustar / más / salir de copas/ que / a Paco.

Tras las actividades con el foco en la forma, los alumnos podrán tener un tiempo más para reescribir los relatos de modo más elaborado. Con ello, el resultado final podría ser algo como:

> A Pilar le gusta muchísimo la naturaleza y a Paco le gusta mucho. A los dos les gustan las cosas que se puede encontrar en la playa como: personas, comer pescado, la paella, caminar y salir de copas con los amigos. Como no les gusta andar a caballo, la tranquilidad, los perros, ni cocinar, pensamos que la mejor opción de viaje para ellos sería la playa.

3.4 Trabajando con el texto

El texto es un elemento muy presente en las clases de LE y puede utilizarse para desarrollar diferentes tipos de conocimientos (culturales, léxicos, gramaticales, entre otros). Según los objetivos que los profesores tengan en mente, hay una gran variedad de géneros textuales que se puede utilizar en las clases de español – como diálogos, relatos personales, correos electrónicos, letras de canciones, recetas, poemas, cuentos, horóscopo, comics, etc.

Si pensamos en la práctica y ampliación de los conocimientos gramaticales, hay ciertas estructuras que son propias de determinados tipos textuales. Por ejemplo:

» **Los textos narrativos** – Frecuentes en los cuentos, son muy ricos en verbos en los pretéritos simple e imperfecto y se los puede aprovechar en la elaboración de actividades destinadas a la práctica de tales formas verbales.

» **Los textos predictivos** – Frecuentes en los horóscopos y las previsiones del tiempo, por otro lado, presentan una gran cantidad de verbos en el futuro.

» **Las secuencias explicativas** – Frecuentes en las recetas y manuales, favorecen el uso de las formas imperativas.

» **Las secuencias descriptivas** – Ideales para el trabajo con los verbos en el presente o pretérito imperfecto de indicativo. Ejemplo:

» *Ella es/era delgada, lleva/llevaba un pantalón rojo y camina/caminaba muy despacio por la calle.*

Como en este capítulo estamos tratando de las diferentes posibilidades de práctica y ampliación de los conocimientos gramaticales, nos gustaría sugerir una actividad con texto que permite llamar la atención de los aprendices para determinadas formas gramaticales. ¡Es un dictado diferente! En lugar de reproducir cada línea, como en el dictado tradicional, los estudiantes reconstruyen todo el texto. Se ha llamado a esta técnica de *dictocomp* (dictado + composición)[3].

Planificación de la actividad

» Función comunicativa – Hablar de las actividades del cotidiano.

» Contenido gramatical – Verbos reflexivos en el presente de indicativo.

» Objetivo – Emplear los verbos reflexivos y percibir posibles diferencias en sus usos en portugués y español.

---

3 La actividad que proponemos es una adaptación de la técnica sugerida por Thornbury (1999).

Procedimientos

» El profesor introduce el tema de las actividades del cotidiano preguntando a los alumnos qué cosas ellos hacen usualmente. Tras algunos minutos de conversación, él explica que va a leer un texto sobre su propia rutina. Al terminar su lectura, los alumnos deberán escribir todas las palabras, frases y oraciones que puedan recordar. El texto leído por el profesor debe ser corto, teniendo entre cinco y siete líneas:

> Del lunes al viernes, me levanto a las siete en punto. Me ducho, me visto y desayuno café con leche y pastel de chocolate. Después termino de arreglarme. Me cepillo los dientes, me pinto los ojos y me peino (el pelo). A las 8 y media, cojo el autobús para el trabajo. Al mediodía, como un bocadillo y sigo trabajando. Vuelvo a casa a las seis y cuarto. Me siento en un sillón y descanso un rato. Después de ducharme, hago una cena exquisita. Me acuesto a las diez.

A partir de las orientaciones del profesor y de la lectura del texto, los estudiantes escriben todo lo que consigan recordar. A continuación, el profesor les pide que se reúnan en grupos de tres, que comparen sus apuntes e intenten reconstruir el texto inicial. En esa etapa, el profesor puede ayudar con las dudas de vocabulario, pero no interfiere en el empleo de las formas gramaticales en la reconstrucción textual.

El profesor solicita un voluntario para ser el escribano del grupo. Ese estudiante, con la ayuda de todo el grupo, va a escribir la versión reconstruida del texto en una parte de la pizarra, añadiendo las sugerencias de todos los colegas. En esa etapa, el profesor tampoco interfiere.

Ahora el profesor escribe su versión en la otra parte de la pizarra y pide que los estudiantes identifiquen las posibles diferencias entre los dos textos.

Por fin, los estudiantes producen sus propios textos contando cómo es su rutina y se los presentan al grupo.

Consideramos esa actividad especialmente interesante, ya que tanto la reconstrucción del texto por los alumnos como la comparación con el texto original ocurren de forma colaborativa. Además, esos dos pasos favorecen la atención a la forma y pueden sensibilizar a los aprendices para ciertas características de las construcciones gramaticales de la lengua española. ¡Especialmente aquellas que no coinciden con el portugués!

El texto a seguir es el resultado de una experiencia que hemos hecho con un grupo de aprendices brasileños adultos cursando el nivel inicial ELE:

> De lunes a viernes, me levanto a las 7 en punto. Me ducho, me visto, desayuno un café con leche y un pastel de chocolate. Me cepillo los dientes, *pinto mi ojos y peino mi pelo. A las 8.30, **cojo tomar** el autobús para trabajar. Al mediodía, salgo para comer un bocadillo. Llego a casa a las 18.15. *Siento en un sillón y descanso un rato. Me ducho y ceno una comida exquisita. Me acuesto a las 22.

Durante el proceso de reconstrucción del texto en la pizarra, las dudas más frecuentes fueron sobre la ortografía de las palabras. Por ejemplo, hubo discusión sobre cómo escribir el verbo *coger* en el presente (¿*corro*? ¿*cogo*? ¿*cojo*?). Juntos, llegaron a la conclusión de que se escribía con la *j*. Como se ve, ese tipo de actividad también favorece la negociación entre los aprendices sobre las formas lingüísticas y el orden en que aparecen.

Al comparar su versión con la versión original, los alumnos tuvieron la oportunidad de percibir algunas diferencias e incorrecciones con relación a las construcciones reflexivas. La agramaticalidad de la construcción *pinto mi ojos* se debe a la falta de concordancia entre el pronombre posesivo y el complemento directo. Pero, construcciones como *pinto mis ojos o *peino mi pelo tampoco serían adecuadas, ya que en español, a diferencia del portugués, no se suele usar el posesivo para referirse a las partes del cuerpo (Moreno; Eres Fernández, 2007, p. 123).

La lengua española, en ese caso, expresa la reflexividad mediante los pronombres átonos (*me, te, se, nos, os, se*): <u>me</u> pinto los ojos / <u>me</u> peino. Es curioso observar el modo como los aprendices transfirieron la estructura del portugués (*pinto meus olhos / penteio meu cabelo*) al español.

También la tercera construcción carece del pronombre *me* (*me siento*) para marcar la reflexividad. En el portugués brasileño, decimos *eu sento em uma poltrona...* y todos entienden que *eu sento a mim mesma em uma poltrona*. En español, por otra parte, la construcción *siento en un sillón* no remite a la idea de reflexividad, sino a la idea de que yo siento a otra persona (por ejemplo: *siento a mi hijo en un sillón*). Otra incorrección que se evidenció con las comparaciones fue la construcción **cojo tomar el autobús*, siendo también una interferencia del portugués.

Como habíamos mencionado, en el Capítulo 2, la expresión de la reflexividad en español presenta características propias, realizándose, sobre todo, mediante los pronombres átonos. Como las marcas lingüísticas de reflexividad son más abundantes en español que en portugués, el aprendiz brasileño tiende a transferir la ausencia de los pronombres reflexivos del portugués al el español. Ello explica la producción de formas como **peino mi pelo*, en lugar de *me peino*.

Al aplicar esa actividad, es importante que el profesor observe si los alumnos (en sus reproducciones) han captado las diferencias en el uso de los pronombres reflexivos para hablar de acciones del cotidiano[4].

---

4 También se puede elaborar esa actividad en tercera persona y con otros tiempos verbales. Por ejemplo: *Juanita <u>se despertaba</u> a las 7 – Los Díaz siempre <u>se levantaban</u> a las.... Ayer ellos <u>se levantaron</u> temprano*, etc.

Además de la atención a las construcciones gramaticales, esta actividad también posibilita la ampliación del conocimiento léxico de los estudiantes, pues es rica en vocabulario y presenta **algunos falsos cognados** (*pastel, rato, exquisita*).

3.5 Actividades lúdicas

El término *actividades lúdicas*, en un primer momento, nos remite a los juegos que se lleva a cabo en el aula con algún objetivo didáctico. Sin embargo, de forma más amplia, se puede relacionar el espíritu lúdico con la creatividad del docente en la búsqueda de nuevas formas de presentar o repasar los contenidos gramaticales. ¡Es soltar la imaginación y buscar nuevas alternativas que sean productivas para la/el enseñanza/aprendizaje de ciertos contenidos gramaticales!

Como bien expone Moreno García (2004, p. 18), "el espíritu lúdico es una forma global de estar en clase". De esa forma, nos gustaría compartir una actividad que hemos aplicado para introducir o practicar los pronombres posesivos y que suele dar buenos resultados.

> **¡Juego de la bolsa!**
> 1. Los estudiantes llevan al aula varios objetos personales pequeños (un peine, un espejo, gafas, maquillaje, juguetes, estuches, móviles, etc.).
> 2. Todos ponen sus objetos en una bolsa (que no sea transparente), sin que los colegas vean lo que es.
> 3. El profesor dispone esos objetos sobre la mesa y les hace preguntas como: *¿Qué es esto? ¿Cómo se dice en español? ¿Para qué se usa este objeto? ¿Dónde se puede comprarlo?*, etc. Con ese procedimiento, se atrae la atención de los alumnos para la actividad y se promueve el desarrollo de la expresión oral.

4. Según las características de cada objeto, el grupo intenta adivinar quién es su dueño.
5. Algunos alumnos, indicados por el profesor, hacen preguntas a los supuestos dueños (*¿Estas gafas son tuyas? ¿Estas son tus gafas?*, etc.). Siguen preguntado hasta que se encuentre el verdadero dueño. Posibles respuestas: *No, no son mías. Sí, son mías. Sí, estas son mis gafas.*
6. Para finalizar la actividad, se promueve una charla, usando la lengua meta, sobre aquellos objetos más diferentes, los más raros, los más recurrentes, etc. Se puede comentar los rasgos de los objetos que tienen alguna asociación con la personalidad de su dueño. Por ejemplo, es más probable que aquellos estudiantes más extrovertidos y/o extravagantes traigan objetos más llamativos.

Otra actividad que recomendamos se llama *Cuenta un Cuento*. Es una actividad de redacción, para practicar el uso del tiempo pasado, que se puede hacer individualmente o en pequeños grupos. ¿Vamos a ver como elaborarla?

Procedimientos – Actividad *Cuenta un Cuento*
1. Primeramente, se escribe en una hoja diez preguntas en el pasado, dejando algunas de ellas incompletas, como en el ejemplo siguiente:
    a. ¿Quién es él?
    b. ¿Para dónde viajó?
    c. ¿Cómo él _____?
    d. ¿A quién encontró él en ese viaje?

    e. ¿Quién era ella?

    f. ¿Ella _____ ?

    g. ¿Qué le dio él a ella?

    h. ¿Qué pensó ella?

    i. ¿Cuánto tiempo _____

    j. ¿Qué pasó entonces?

2. Tras distribuir la hoja a los estudiantes, el profesor debe explicar que las preguntas se refieren a la historia de dos personas que se conocieron en un viaje y solicitar que terminen las preguntas que están incompletas para dar continuidad a una posible historia.

3. Antes de seguir con la actividad, el docente pide que algunos alumnos relaten cómo completaron las preguntas. Así, se podrá chequear si ellos emplearon el pretérito adecuadamente.

4. El profesor solicita que los alumnos intercambien sus hojas con sus vecinos y contesten las preguntas, construyendo una historia. Como tanto las preguntas como las respuestas pueden variar de estudiante para estudiante, ¡es posible que aparezcan enredos muy diferentes¡

5. El profesor puede intervenir, ayudando a los alumnos a percibir posibles problemas en las construcciones del texto.

6. Cada estudiante deberá leer su historia y, al final, se puede hacer una votación para elegir la historia más original.

En ese apartado, presentamos tan sólo una pequeña muestra de las posibilidades lúdicas de práctica de los contenidos gramaticales, puesto que nuestra intención en este capítulo es señalar las diferentes formas de acercarse a la gramática en el aula. Pero, además de las sugerencias disponibles en los materiales didácticos, ¡siempre podemos inventar nuestras propias actividades!

3.6 Actividades con música

La música puede ser un recurso muy útil en la enseñanza de LE, pues, además de ser un elemento motivador y de relajación, ofrece una diversidad de posibilidades de trabajo, según los diferentes propósitos del docente. Entre las ventajas que el uso de canciones para fines didácticos ofrece, se destaca el hecho de que ellas (adaptado de Romero, 1998, citado por Abio y Barandela, 2000, p. 245):

- » Despiertan un interés positivo en el alumno.
- » Posibilitan la integración de temas de la actualidad, culturales y de otras áreas curriculares.
- » Presentan informaciones lingüísticas que pueden ser explotadas desde el punto de vista gramatical, léxico y fonético.
- » Muchas son pegadizas y de fácil memorización.

Añadimos también que el lenguaje empleado en las canciones presenta ciertos rasgos que favorecen su uso en el aula. Son ellos:

- » Uso de oraciones cortas, concisión y brevedad.
- » Repetición.
- » Diferentes tipos de registros (principalmente el lenguaje informal).
- » Recurso que evocan sensaciones, sentimientos e ideas.
- » El ritmo que facilita la memorización.

Además, la característica fundamental de las canciones es que la música añadida al texto logra una predisposición del oyente (psicológica, sensorial y cultural) diferente de aquella que suscitaría la sola lectura del texto (Jiménez et al., 1999, citado por Hernández Mercedez, 2005, p. 74). El trabajo con canciones posibilita explotar varios aspectos importantes para el proceso de enseñanza/aprendizaje de ELE. Así, se las puede utilizar para:

» Introducir nuevas estructuras gramaticales en contextos significativos.
» Revisar estructuras ya vistas.
» Ampliar o revisar el vocabulario.
» Practicar todas las destrezas de forma más relajada.

A continuación, nos basamos en la propuesta de Abio y Barandela (2000, p. 246-247) y resumimos las formas más usuales de trabajo con letras de canciones en el aula de ELE.

Actividades antes de la audición

» Rellenar los espacios en blanco con las palabras que se ofrecen en un recuadro (pueden ser verbos, pronombres posesivos, o cualquier forma gramatical que se quiere trabajar).
» Completar los espacios en blanco con las palabras cuyas definiciones se dan.
» Sustituir las palabras subrayadas por sus contrarios.
» Ordenar los versos de una estrofa.
» Ordenar las palabras de cada verso, que se dan desordenadas.
» Sustituir las palabras subrayadas por sus contrarios.

> » Unir las primeras partes de los versos de una estrofa con sus segundas partes correspondientes, que se dan desordenadas.
>
> **Actividades para realizarse mientras se oye la canción**
> » Rellenar los versos con las palabras que faltan.
> » Corregir los errores que aparecen en el texto.
> » Relacionar la comprensión auditiva y la lectura (ejercicio de elección múltiple, verdadero o falso, etc.)
>
> **Actividades para después de la audición**
> » Conversar sobre el tema de la canción y su relación con algún momento de nuestra vida.
> » Crear a partir del texto (proponer un título, continuar la historia cambiando los protagonistas, los sucesos, lugares, etc.).
> » Usar el estilo indirecto para referirse al ocurrido en la canción.
> » Contar la historia desde la perspectiva de uno de los personajes (cuando sea posible).
> » Realizar tareas relacionadas, como buscar informaciones sobre el cantante u organizar una recopilación con las músicas preferidas de la clase.

Todas esas actividades son muy flexibles y pueden ser adaptadas para los diferentes niveles, según los objetivos didácticos del docente. Sin embargo, la selección de las canciones para nuestras clases requiere algunos cuidados básicos. Poppleton (2001) recomienda:

- » Canciones que tengan las letras claras.
- » Canciones que tengan vocabulario adecuado al nivel de competencia de los alumnos.
- » Para los niveles iniciales, lo ideal son las canciones más cortas y lentas.
- » Se debe observar si la canción no trae contenido potencialmente problemático, como referencia a actos violentos, sexo, drogas, etc.

Como se ha visto, el trabajo con canciones en la clase de lengua extranjera nos permite explotar aspectos muy variados. Pero, siguiendo la propuesta de este capítulo, se hará hincapié en las posibilidades de trabajo con los aspectos gramaticales. Debido a las cuestiones de derechos autorales de las letras de las canciones, no será posible explotar toda la letra de la canción que elegimos, por ello vamos a proponer una actividad que se puede adaptar a diferentes canciones y distintos tiempos verbales.

Veamos un ejemplo de ficha de actividad para la canción *Corazón partío*[5] (1997), de Alejandro Sanz, utilizando la **técnica del tiempo verbal**.

Ficha de actividad

Objetivos:
- » Practicar el presente de indicativo.
- » Desarrollar la pronunciación.

---

5 A pesar de ser un poco antigua y tal vez pasado de moda, esta canción siempre despierta reacciones positivas en el alumnado de lengua española. Ella posibilita explotar diferentes aspectos (lenguaje coloquial, el acento del español peninsular, los diferentes tiempos verbales, los verbos irregulares, etc.).

> » Desarrollar la comprensión auditiva.
> » Aumentar el conocimiento del español coloquial.
> » Hablar sobre los sentimientos que despierta la canción.
>
> **Nivel recomendado**: Básico (estudiantes adultos).
>
> **Tiempo de realización**: 30 minutos.
>
> **Material**: Audio de la canción. Fotocopias de la letra con verbos omitidos. Cuadro con los verbos omitidos en el infinitivo.
>
> **Dinámica**: Mixta (grupo e individual).
>
> **Procedimientos**: Primero los estudiantes intentan rellenar los espacios en blanco con los verbos destacados, que estarán desordenados (*ir, detenerse, venir, existir, ver, sentir, mentir, querer, decir, llegar*). Para ello, necesitarán conjugar los verbos en presente. Se debe hacer esta etapa en parejas o pequeños grupos.
>
> Mientras escuchan la canción por primera vez, los estudiantes verifican se han empleado y conjugado los verbos correctamente.
>
> Se escucha la canción una vez más, para que todos puedan cantarla.
>
> Para concluir, el profesor anima a los estudiantes a que hablen sobre los sentimientos que ha despertado la canción.

Esa canción es particularmente interesante porque el cantante parte de sus constataciones presentes (*ya lo sé..., no ve..., no siente,...*), cuestiona el pasado (*¿Qué fue de la ilusió...? ¿Para qué me curaste...?*) y proyecta otros cuestionamientos para el futuro (*¿Quién me va a entregar ...? ¿Quién me tapará...? ¿Quién me va a curar...?*). Por ello, además del presente, la actividad es una buena alternativa para introducir o revisar otros tiempos y formas verbales.

Aunque nos hayamos detenido en el primer objetivo (practicar el presente de indicativo) la actividad anterior permite que todos los otros objetivos también sean trabajados. Se sugiere que el profesor seleccione las canciones para las clases a partir de objetivos previamente definidos y, siempre que posible, teniendo en cuenta las preferencias musicales de los alumnos.

Por fin, esperamos que las orientaciones y sugerencias planteadas en este capítulo puedan ayudar a los profesores (y futuros profesores) de lengua española a la hora de seleccionar y elaborar actividades gramaticales para sus clases.

Síntesis

En este capítulo, se ha buscado conciliar la teoría y la práctica, indicando posibles caminos para el trabajo con la gramática en el aula de ELE. Se ha señalado que el tratamiento de la gramática puede ocurrir en diferentes momentos de la clase, según el planeamiento y los objetivos del docente. Además del libro texto, que es tan sólo una de las herramientas, el profesor puede (y debe) usar todos los recursos que puedan favorecer el proceso de enseñanza/aprendizaje de la lengua extranjera.

Considerando el desarrollo de la competencia lingüística de los aprendices, en el marco de la enseñanza comunicativa, el profesor de español puede echar mano de recursos como: las tareas comunicativas; actividades con textos; actividades lúdicas, actividades con canciones, etc. Lo importante es que el objetivo de la actividad esté claro para el docente. Por eso la necesidad de siempre preguntarse: ¿Qué pretendo con esta actividad? ¿Cuál es mi objetivo?

Indicación didáctica

Los sitios siguientes traen una gran cantidad de sugerencias de actividades con canciones.

FORMESPA – Formación de Professorado de Español Como Lengua Extranjera. **Actividades** materiales para el aula de ELE. Disponible en: <http://formespa.rediris.es/canciones/index.html>. Accedido el: 21 jul. 2012.

MARCOELE – Revista de Didáctica Español Como Lengua Extranjera. Disponible en: <http://marcoele.com/actividades/canciones>. Accedido el: 21 jul. 2012.

TODOELE. **Materiales didacticos**: canciones. Disponible en: <http://www.todoele.net/canciones/Cancion_list.asp>. Acesso em: 22 jun. 2012.

VER-TAAL. **Canciones**. Disponible en: <http://www.ver-taal.com/canciones.htm>. Accedido el: 21 jul. 2012.

Otros sitios en los que se podrá practicar y desarrollar los conocimientos de gramática española. Algunos de ellos presentan las actividades gramaticales por nivel.

AULA DIEZ. **Ejercicios de español** Disponible en: <http://www.auladiez.com/ejercicios>. Accedido el: 21 jul. 2012.

IH MADRID – International House Madrid. Disponible en: <http://www.ihmadrid.es>. Accedido el: 21 jul. 2012.

VITA LINGUA. Disponible en: <http://www.vitalingua.de>. Accedido el: 21 jul. 2012.

Actividades de autoevaluación

1. Con relación a cuándo tratar la gramática en clases, señale las afirmaciones con V (verdadero) o F (falso) y después marque la alternativa correcta:
   - ( ) Se puede usar una parte de la clase para el trabajo con la gramática.
   - ( ) Se debe tomar en cuenta las características e intereses de los alumnos a la hora de definir el tiempo que se dedicará a la gramática.
   - ( ) El perfil de cada grupo de alumnos no debe influir en la planificación del tiempo que el profesor dedicará al tratamiento de la gramática.
   - ( ) Las clases dedicadas exclusivamente al trabajo con la gramática son sinónimo de aburrimiento.

   a. F, F, V, V.
   b. V, V, F, F.
   c. F, V, F, V.
   d. V, F, V, F.

2. Marque con V o F las afirmaciones relacionadas a las diferentes formas de practicar la gramática y elija la alternativa correcta:
   - ( ) Al destacarse ciertos fenómenos gramaticales en un texto, se favorece la percepción de los mismos por los aprendices.
   - ( ) Los **ejercicios estructurales** objetivan sensibilizar a los aprendices para la existencia de determinados fenómenos gramaticales.

( ) Los ejercicios de **práctica significativa** proporcionan el uso de las formas gramaticales en contextos comunicativos específicos.

( ) El principal objetivo de una **tarea** es comprobar si el aprendiz emplea las formas gramaticales correctamente.

a. V, V, F, F.
b. F, F, V, V.
c. V, F, V, F.
d. F, V, F, V.

3. Considerándose la técnica del *dictocomp* en el trabajo con textos, señale con V o F:

( ) En la técnica denominada *dictocomp*, el profesor debe leer el texto por lo menos dos veces.

( ) El profesor aclara las dudas sobre las construcciones gramaticales siempre que los alumnos lo soliciten.

( ) La reconstrucción del texto es un proceso colectivo que requiere la negociación sobre las formas lingüísticas que serán utilizadas.

( ) La comparación entre el texto original y la versión producida por los estudiantes posibilita llamar la atención de los aprendices para aquellos rasgos gramaticales que se pretende desarrollar.

a. F, F, V, V.
b. V, V, F, F.
c. F, V, F, V.
d. V, F, V, F.

4. Señale la alternativa correcta, considerando el uso de las canciones como recurso didáctico.
   a. Las canciones pegadizas no son adecuadas para el uso en el aula, pues no traen informaciones lingüísticas relevantes.
   b. Las letras de canciones presentan informaciones lingüísticas que posibilitan abordar los aspectos gramaticales.
   c. Por presentar oraciones largas, las letras de canciones son ideales para la elaboración de actividades didácticas.
   d. La repetición presente en las letras de canciones perjudica su uso en el aula.

5. Indique la opción **incorrecta**. Entre las actividades que pueden anteceder la audición de una canción en el aula de ELE, están:
   a. Sustituir las palabras subrayadas por sus antónimos.
   b. Rellenar los espacios en blanco con las palabras que están distribuidas en un recuadro.
   c. Ordenar los versos en una estrofa.
   d. Corregir los errores que aparecen en el texto.

Actividades de aprendizaje

Cuestión para reflexión

En el texto reconstruido por los alumnos en la actividad *dictocomp*, apareció la siguiente construcción: **A las 8.30, <u>cojo tomar</u> el autobús para trabajar.*

Considerándose las diferencias entre el portugués y el español y las interferencias que pueden ocurrir (gramaticales, fonéticas, ortográficas, etc.), reflexione sobre las posibles causas del empleo inadecuado de la expresión subrayada.

Capítulo 4

Contextualizando y teorizando el vocabulario

En esta segunda parte del libro, trataremos de los diferentes aspectos relacionados con la enseñanza y el aprendizaje del vocabulario. Empezamos este capítulo presentando una visión general del lugar ocupado por ese componente en la enseñanza de LE en los diferentes enfoques metodológicos. Desde esta contextualización inicial, el lector podrá comprender mejor la evolución y el actual *status* del vocabulario en la enseñanza de lenguas. También se presentarán las principales contribuciones del enfoque léxico y algunas terminologías y conceptos que serán fundamentales para el desarrollo de este capítulo y también de los demás. Al final, se abordarán los diferentes elementos que forman la competencia léxica del hablante.

4.1 El papel del vocabulario en la enseñanza de LE

Si comparado al papel de destaque que la enseñanza de la gramática ha desempeñado a lo largo del tiempo, la enseñanza del vocabulario ha sido vista, tradicionalmente, como un tipo de "primo pobre" de la gramática.

Como expone Maiguashca (1993, p. 84), en los primeros planteamientos de orientación comunicativa, en el inicio de los años 70, el vocabulario todavía desempeñaba un papel secundario en la enseñanza de lenguas extranjeras, ya que se creía que no era necesario enseñar las palabras y sus significados de forma explícita. Se sostenía el argumento de que las palabras – y sus significados – serían captadas por los aprendices de forma indirecta, durante la realización de actividades gramaticales, comunicativas o de lectura. En otras palabras, se veía el aprendizaje del léxico como algo que ocurría automáticamente, a partir de las otras actividades con la lengua meta.

Alrededor de los años 80, la ausencia de atención al vocabulario en las metodologías de enseñanza de LE y la falta de criterios para su enseñanza pasaron a ser cuestionadas por lingüistas aplicados como Meara (1980), McCarthy (1984) y Laufer (1986). Ese movimiento inicial, juntamente con las contribuciones teóricas venidas de áreas como la lingüística cognitiva y la semántica, ha resultado en una gran cantidad de publicaciones científicas sobre la adquisición, la enseñanza y el aprendizaje del léxico en LE.

Los métodos y materiales didácticos han incorporado gradualmente las descubiertas teóricas y diferentes planteamientos. Es así que, a partir de los años 90, el léxico empieza a ganar más espacio en la enseñanza de LE. En esa misma época, Lewis publicó el libro *The Lexical Approach* (1993), que ha impactado significativamente en la concienciación de la importancia del léxico en la enseñanza de LE. Debido a su influencia, comentaremos someramente la propuesta de Lewis (1993), más adelante.

Durante mucho tiempo, las investigaciones privilegiaron la adquisición de los aspectos sintácticos y morfológicos de la LE, sin poner atención a las cuestiones de adquisición del vocabulario. Actualmente, sin embargo, ese tema ha despertado el interés de muchos investigadores, puesto que la importancia de tenerse un buen dominio del vocabulario parece incontestable.

Un ejemplo de tal importancia es el hecho de que podemos comunicarnos, aunque de forma imprecisa, usando palabras fuera del orden adecuado, morfemas gramaticales impropios o pronunciación inadecuada, pero la comunicación podrá fracasar si no usamos la palabra correcta (Lightbown; Spada, 2007, p. 96) para referirnos a algo. En algunos casos, es posible hacer gestos o apuntar hacia el objeto, pero la situación se agrava cuando el objeto no está al alcance de nuestra visión o cuando se trata de algo abstracto, difícil de ser representado por gestos.

Como argumentamos en el Capítulo 2, la gramática nos permite refinar una información y rellenar las lagunas existentes entre las palabras. El vocabulario, por otra parte, es imprescindible para que se establezca la comunicación. Así las cosas, esclarecemos que no tenemos la intención de destacar uno u otro como de mayor valor, pues consideramos que tanto la gramática como el vocabulario son componentes importantes para el aprendizaje de cualquier lengua.

4.2 El vocabulario en los diferentes enfoques metodológicos

De modo a presentar una visión general sobre el tratamiento del vocabulario en la enseñanza de LE a lo largo del tiempo, resumimos, a continuación, las diferentes posturas que han adoptado los distintos enfoques metodológicos.

En el **método tradicional de gramática y traducción**, el vocabulario procede de los textos escritos. Se memorizan listas de palabras descontextualizadas. El trabajo con la palabra, sintagma u oración gira alrededor de las cuestiones gramaticales.

En los **métodos estructurales**, se define un vocabulario esencial, a partir de una lista de frecuencia[1], pero se asocia el vocabulario a esquemas estructurales graduados según el nivel de complejidad gramatical. Además, las palabras se contextualizan en frases, recursos auditivos y visuales.

En el **enfoque comunicativo**, la selección del vocabulario no está subordinada a criterios gramaticales; ella ocurre a partir de listas de frecuencia, productividad, utilidad, necesidad, entre otros[2]. Tal selección busca reflejar la lengua en uso, por eso se organiza por áreas temáticas, por campos semánticos y funciones. En ese enfoque, el vocabulario aparece contextualizado (apoyos visuales y auditivos; materiales auténticos, como periódicos, anuncios, carta de restaurante, etc.), privilegiándose el uso de actividades variadas y motivadoras, que promuevan la interacción, el desarrollo de estrategias de aprendizaje del léxico y el uso creativo.

En el **enfoque por tareas**, se parte de áreas temáticas para la determinación de los objetivos comunicativos y de la tarea final. Basado

---

1 Son listas formadas por palabras tenidas como más frecuentes en una lengua, obtenidas a partir de estudios estadísticos. En el pasado, esas listas se basaban, principalmente, en textos escritos. Actualmente, con los avanzos de las tecnologías de la información, ellas pasaron a incluir también los datos del lenguaje oral. No obstante, como se verá en el Capítulo 6, la determinación del vocabulario a ser enseñado a partir de ese tipo de lista presenta algunas limitaciones.

2 Esos criterios serán retomados y explicados en el Capítulo 6.

en esa tarea, se definen los contenidos léxicos, gramaticales y socioculturales. Se planifica la secuencia de tareas comunicativas, entre las que se incluyen las de vocabulario.

4.3 Léxico, vocabulario y unidades léxicas

Aunque los términos *léxico* y *vocabulario*, a menudo, sean tomados como sinónimos, desde el punto de vista teórico, los dos términos remiten a conceptos distintos. Gómez Molina (2004a, p. 497), basado en Pinker (2000), conceptúa el **léxico** como el conjunto de unidades léxicas simples y complejas, pertenecientes a cada individuo, que suponen la entrada de toda ampliación de la competencia comunicativa. Desde esa perspectiva, cabe añadir, el léxico se convierte en un tipo de diccionario mental, que, además del significado de las palabras que conocemos, trae informaciones sobre cómo las palabras se constituyen de partes menores, sobre cómo esas partes menores se agrupan mediante un patrón sonoro específico de cada lengua y sobre las reglas para la colocación de las palabras en las oraciones o frases que producimos (Dias; Gomes, 2008, p. 56).

El **vocabulario**, a su vez, es conceptuado por Gómez Molina (2004a, p. 497) como el conjunto de unidades léxicas (también llamadas *ítems léxicos*) que el hablante actualiza en el discurso, en la producción y comprensión. Además, el autor considera la **unidad léxica**

> como la unidad de significado en el lexicón mental, que sirve como elemento vehiculador de la cultura del español y puede estar formada por una o más palabras (*cabeza, paraguas, dinero negro, a la chita callando, tomar el pelo, no hay más cera que la que arde*, etc.).

Observe que el término *unidad léxica* es más amplio que *palabra*, puesto que, además de incluir la palabra, también abarca los casos en que se usan combinaciones de varias palabras para componer un significado.

Asimismo se verifica la existencia de una relación de inclusión entre los conceptos anteriores. El concepto de léxico, al referirse al conjunto de unidades léxicas almacenadas en nuestro "banco de datos" mental, es más amplio, abarcando los otros dos, como buscamos representar en el esquema siguiente.

Figura 4.1 – Las relaciones de inclusión entre léxico, vocabulario y unidades léxicas.

```
┌─────────────────────────────┐
│ léxico                      │
│   ┌───────────────────────┐ │
│   │ vocabulario           │ │
│   │   ┌───────────────┐   │ │
│   │   │ unidades      │   │ │
│   │   │ léxicas       │   │ │
│   │   └───────────────┘   │ │
│   └───────────────────────┘ │
└─────────────────────────────┘
```

Teniendo en cuenta las conceptuaciones anteriores, a continuación, vamos a comentar brevemente algunas perspectivas teóricas sobre cómo el léxico está organizado en la mente de los hablantes.

4.4 La organización del léxico mental

El almacenamiento de las palabras en el léxico mental de los hablantes es una de las cuestiones que más ha despertado el interés de lingüistas en las últimas décadas, originando diferentes planteamientos teóricos en el sentido de comprender cómo la mente humana categoriza, almacena y accede a informaciones lingüísticas. La principal diferencia entre los varios modelos teóricos existentes está en el papel que cada uno de ellos atribuye al léxico. Como señala Huback (2007, p. 85):

> *De um lado, encontramos propostas como a Teoria de Palavras e Regras, que defendem a existência de regras abstratas a partir das quais palavras e sentenças são formadas. Nesse tipo de modelo, o papel do léxico é relativamente reduzido, porque se propõe a armazenagem de radicais e afixos e, a partir da aplicação de regras abstratas, palavras e sentenças são formadas. Palavras inteiras são armazenadas apenas se forem irregulares e, portanto, não dedutíveis a partir de regras. Por outro lado, existem propostas, como o Modelo de Redes e a Teoria dos Exemplares[3], que conferem papel crucial ao léxico, visto que todas as palavras, inclusive as regulares e morfologicamente complexas, podem ser estocadas.*

En la cita anterior, se presentan dos perspectivas teóricas diferentes en cuanto a la organización del léxico mental. No tenemos cualquier pretensión de comparar esas teorías o profundizar la discusión sobre ellas. No obstante, como este capítulo y también el siguiente tratan de los diferentes procesos que entran en juego a la hora de enseñar y aprender el vocabulario, hay algunos puntos a considerar. Tanto el Modelo de Re-

---
3 La Teoría de Palabras y Reglas fue propuesta por el lingüista estadounidense Steven Pinker (2000) y refleja las suposiciones de la teoría generativa. El Modelo de Redes lo formuló Bybee (1985; 1995) y la Teoría de los Ejemplares fue propuesta por Pierrehumbert (2001).

des como la Teoría de los Ejemplares proponen que la frecuencia de encuentros con un ítem desempeña papel fundamental en la organización del léxico mental. Nos parecen particularmente interesantes algunos aspectos del Modelo de Redes que se relacionan más directamente con la adquisición del léxico. Entre los supuestos de ese Modelo, destacamos los siguientes (Bybee, 1985; 1995, citado por Huback, 2007, p. 115-119):

- » La representación de las palabras en el léxico mental presenta diferentes 'fuerzas léxicas' (*'lexical strength'*); cada vez que una palabra es accedida, su representación se hace más fuerte.
- » Palabras frecuentes son accedidas más rápidamente que aquellas que no son frecuentes.
- » Palabras enteras y expresiones usadas con más frecuencia constituyen la unidad básica del almacenamiento léxico.
- » Las palabras están almacenadas en el léxico mental en forma de redes y establecen conexiones con otros ítems según las semejanzas semánticas y fonológicas.
- » Las conexiones léxicas son más o menos fuertes, según el número de razgos que las palabras constituyentes de tales conexiones comparten entre si.

Si pensamos en la enseñanza y el aprendizaje del léxico de una LE, el supuesto de que las palabras están agrupadas en nuestra mente, según las semejanzas fonológicas (sonidos parecidos) y la proximidad semántica, ha influenciado enormemente las propuestas didácticas actuales. La frecuencia con que el aprendiz se encuentra con un ítem léxico es otro punto a ser considerado, siendo determinante para la adquisición de tal ítem.

4.5 El enfoque léxico

En la actualidad, es prácticamente imposible hablar de la enseñanza del vocabulario sin mencionar la influente propuesta de Lewis (1993). Por eso, buscaremos sintetizar las principales ideas lanzadas por dicha propuesta y algunos de sus aportes para la enseñanza del vocabulario.

Coincidimos con Moras (2001, p. 4) en su consideración de que la principal contribución de Lewis fue haber llamado la atención para la importancia del vocabulario como siendo un elemento básico para la comunicación. Ese estudioso parte del principio de que la lengua consiste en **léxico gramaticalizado** y no en **gramática lexicalizada** (Lewis, 1993, p. 89), como tradicionalmente se había supuesto.

A partir de sus ideas de cómo se adquiere el léxico, y apoyándose en evidencias proporcionadas por investigaciones provenientes de la psicolingüística, Lewis (1993, p. 92) supone que "nosotros 'probablemente' almacenamos secuencias [de palabras] en nuestra mente" [traducción nuestra]. Es decir, el autor adopta la visión de que gran parte del lenguaje que adquirimos es almacenado en nuestra mente en unidades más amplias que las palabras. De ese modo, se pasa a ver la lengua como siendo compuesta por secuencias prefabricadas de multipalabras que, al combinarse, producen textos continuos y coherentes.

A partir de la noción de que, normalmente, las palabras no se aprenden aisladamente, se abre camino para una nueva concepción de enseñanza de vocabulario y, por consiguiente, se ofrece una nueva terminología para los autores de materiales didácticos y profesores. Nociones como *unidades léxicas* y *colocaciones* (*collocations*, en inglés) son cada vez más recurrentes en las publicaciones actuales.

4.6 La clasificación de las unidades léxicas en la lengua española

Teniendo en cuenta la perspectiva que comentábamos en el apartado anterior, de que, además de las palabras, hay combinaciones de palabras que también forman parte del sistema léxico de una lengua, consideramos la clasificación de las unidades léxicas para el español, que propone Santamaría Pérez (2006), muy aclaradora.

Cuadro 4.1 – Clasificación de las unidades léxicas en español

	Unidades léxicas	
Univerbales (con una única palabra)	*sol, comer, bonito...*	
Pluriverbales (con más de una palabra)	**Colocaciones** (*herido leve, hacer una foto...*)	
	Expresiones idiomáticas (*tomar el pelo, mercado negro...*)	
	Fórmulas rutinarias (*¿Qué tal? Buenos días; Encantado de conocerle...*)	

Fuente: Adaptado de Santamaría Pérez, 2006, p. 40-41.

A continuación, trataremos de las principales características de cada categoría de unidades léxicas. Para ello, tomaremos como referencia el esquema anterior, las conceptuaciones y algunos ejemplos que presenta Santamaría Pérez (2006). También tomaremos en cuenta el estudio de De la Peña Portero (2005) sobre las unidades léxicas, una vez que esa autora ofrece una descripción minuciosa de los tipos de unidades léxicas, con especial atención a las expresiones idiomáticas en español.

4.6.1 Las colocaciones

Las colocaciones son **combinaciones sintagmáticas** formadas por dos o más palabras que tienen un significado transparente. Es decir, "la suma del significado de los elementos es el significado total de la unidad" (Santamaría Pérez, 2006, p. 40). Dichas combinaciones dan cuenta de las restricciones combinatorias de las palabras, puesto que no todas las palabras se pueden combinar con cualquiera en una lengua (por ejemplo, no se puede *regar un libro, *beber una ventana, etc.).

Tomando como ejemplo la unidad léxica *ventana*, algunas combinaciones posibles serían: *abrir una ventana, cerrar una ventana, mirar por la ventana, comprar/vender una ventana, limpiar la ventana, salir por la ventana*, etc. Aun considerando las restricciones combinatorias, en el español peninsular, y en algunas variantes del español hispanoamericano, se dice *coger*[4] *un autobús* o *coger un resfriado*. Como el significado de esas combinaciones sintagmáticas es transparente, es muy probable que el aprendiz de ELE las comprenda sin problemas. Sin embargo, a la hora de producir un enunciado donde aparezca tal combinación ese mismo aprendiz puede tener alguna dificultad. En parte, creemos que ello se debe a que los diccionarios suelen presentar el verbo *tomar* como uno de los sinónimos de *coger*. No obstante, como señala Santamaría Pérez (2006), un hablante nativo en España nunca utilizaría las combinaciones *tomar un autobús / un resfriado*.

Ahora hagamos una comparación entre el español y el portugués. Considerando las combinaciones con el verbo *tener* en español, son posibles colocaciones como: *tener hambre, tener sed, tener frío, tener fiebre* y *tener hijos*. En portugués, por otra parte, las restricciones combina-

---

4 En España, se usa el verbo *coger* en el sentido de *tomar* (*Yo cojo el autobús/ Coge estos libros y guárdalos contigo*). Sin embargo, en algunas regiones de América Latina (Argentina, Paraguay, Uruguay, Bolivia y México) dicho vocablo ha adquirido una connotación sexual (vulgar) y tiene su uso restringido.

torias van a limitar el uso del verbo *ter*, que se puede combinar normalmente con *filhos* (*Tenho dois filhos*), pero no es la combinación más usual o la más esperada para *fome, sede, frio* y *febre*. En esos últimos casos, es mucho más natural que se diga *estou com fome, estou com sede, estou com frio* o *estou com febre*, para expresar un estado actual.

4.6.2 Las expresiones idiomáticas

A pesar de las diferentes nomenclaturas existentes, la mayoría de los autores coincide en que las expresiones idiomáticas son combinaciones fijas de dos o más palabras que se caracterizan por su estabilidad e idiomaticidad (De la Peña Portero, 2005, p. 10).

El término *estabilidad* se refiere al hecho de que las expresiones idiomáticas no permiten alteraciones en el orden de sus elementos o en el número de componentes; ellas tampoco admiten la transformación a la forma pasiva, cualquier tipo de derivación, sustitución por sinónimos o cambios en el grado de los adjetivos. Para ejemplificar, la expresión *ir al grano*[5] no podría sufrir modificaciones como: *al grano ir, ir al grano y a la fruta* o *ir a la semilla* sin perder su significado idiomático.

La *idiomaticidad*, por otra parte, tiene que ver con el hecho de que, diferentemente de las colocaciones, el significado de las expresiones idiomáticas no es la suma del significado de las palabras que las componen. Es decir, la relación entre el conjunto de unidades léxicas y el significado final no es directa y puede, incluso, ser totalmente diferente.

Para poner un ejemplo, en portugués hay la expresión *ficar com a pulga atrás da orelha*, que usamos para decir que estamos inquietos con algo o que tenemos alguna sospecha de algo. También en español hay una expre-

---

5 En un asunto, significa ir derecho a lo principal, sin entretenerse en rodeos.

sión con significado semejante que es *estar con la mosca detrás de la oreja*. ¡Imagínense qué pasaría si un alumno extranjero que está aprendiendo portugués o español como LE interpretara tales expresiones al pie de la letra!

> Algunas expresiones más de la lengua española
> » *¡Siempre te haces pelotas con los nombres!*
>   (*hacerse pelotas = confundirse*)
> » *El entrevistado se fue por las ramas y no dijo lo que nos interesaba.*
>   (*irse por las ramas = no ser directo*)
> » *Delgadina está hasta el moño con las provocaciones de sus amigas.*
>   (*estar hasta el moño = estar harta*)
> » *Mi abuela no tenía pelos en la lengua, siempre decía todo lo que quería.*
>   (*no tener pelos en la lengua = decir sin reparos lo que se piensa o siente*)

Las expresiones idiomáticas son específicas de cada lengua y cultura y reflejan formas muy particulares de representar el mundo. Por eso, como señala Santamaría Pérez (2006, p. 41), deben formar parte del aprendizaje del español como LE, puesto que son unidades léxicas muy utilizadas en el lenguaje coloquial y son opacas semánticamente. Así, debido a que la relación entre la forma y el significado no es directa o transparente, es importante que se desarrolle un trabajo que posibilite la comprensión y el uso adecuado de ese tipo de expresión por los aprendices de ELE.

En ese sentido, consideramos que el estudio de *De la Peña* (2005) constituye un aporte interesante a los profesores de español como LE, ya que esa autora desarrolla una propuesta metodológica para la enseñanza de expresiones idiomáticas y ofrece algunas orientaciones sobre qué expresiones enseñar, cómo clasificarlas y qué tipo de actividades se puede llevar al aula.

4.6.3 Las fórmulas rutinarias

Las fórmulas rutinarias son combinaciones de dos o más palabras asociadas a la intención de los hablantes y al contexto en el que se emplean. Son expresiones que se usan en situaciones y hechos que suceden normalmente en los contactos sociales en los que el hablante selecciona una expresión adecuada a la situación al tener que saludar, pedir, opinar, agradecer, etc. Algunos ejemplos son: *Hola, ¿qué tal?*; *¿Podría usted...?*; *Me parece que...*; *Muchas gracias por...* Esas son situaciones que forman parte de la vida de cualquier persona. Por eso, se supone que los aprendices de una lengua extranjera deben conocer y saber usar tales fórmulas de modo adecuado.

4.7 Implicaciones de la enseñanza de unidades léxicas

A partir de todo lo expuesto, consideramos que la enseñanza de combinaciones de palabras implica, primeramente, un cambio de conducta del profesor. Esa forma de enseñanza favorece el desencadenamiento de procesos cognitivos que establecen relaciones entre la forma y el significado y que llevan al conocimiento de un determinado ítem léxico.

Al aprender combinaciones o bloques de palabras (en lugar de palabras aisladas), especialmente las colocaciones, el alumno tendrá más condiciones de establecer conexiones entre las unidades léxicas ya conocidas y las nuevas. Además de contribuir para el desarrollo de la fluidez del aprendiz en la lengua meta, dicho procedimiento también posibilita prestar atención a la estructura de segmentos más amplios del discurso. Así, en lugar de enseñar las palabras aisladas, el profesor puede mostrar al aprendiz como combinarlas, favoreciendo el proceso de adquisición de las unidades léxicas.

Hasta aquí, hemos visto la evolución de la atención dada al vocabulario a lo largo del tiempo y el cambio de perspectiva que representa el enfoque léxico, cuyos conceptos y terminología parecen estar presentes en las propuestas didácticas más actuales de trabajo con el vocabulario en el aula de ELE. En las páginas siguientes, trataremos, más específicamente, del conocimiento léxico, o sea, buscaremos responder la siguiente pregunta: ¿Qué es conocer una unidad léxica?

4.8 La competencia léxica

En el Capítulo 2, se presentó el concepto tradicional de competencia comunicativa y las subcompetencias que la componen. En ese sentido, el *Marco común europeo de referencia para las lenguas*[6] (MCER) sostiene que, además de tener en cuenta las competencias generales, la/el enseñanza/aprendizaje de lenguas debe tener como meta el desarrollo de la competencia comunicativa. Pero, diferentemente de lo que propone Canale (1995), el MCER (Consejo de Europa, 2002) establece que la competencia comunicativa abarca las competencias **lingüística, sociolingüística** y **pragmática**. Desde esa perspectiva, la competencia lingüística incluye las competencias: léxica, gramatical, fonológica, ortográfica y ortoépica[7].

---

6 El *Marco común europeo de referencia para las lenguas* (Consejo de Europa, 2002) resulta de más de diez años de investigación de un grupo de lingüistas aplicados y forma parte del proyecto de política lingüística del Consejo de Europa. El documento busca unificar las directrices para la enseñanza y el aprendizaje de lenguas en toda Europa.

7 Según el MCER, la diferencia entre la competencia ortográfica y la ortoépica está en el hecho de que la ortografía se refiere a la producción escrita, mientras que la ortoepía se refiere a la producción oral. La competencia ortoépica posibilita a los hablantes leer un texto en voz alta de forma correcta y predecir la pronunciación de una palabra, que no han oído antes, a partir de su forma escrita.

En este capítulo, nos detendremos, más específicamente, en la competencia léxica. Pero, ¿qué significa ser lexicalmente competente? Según propone el MCER (Consejo de Europa, 2002, p. 108), la competencia léxica "es el conocimiento del vocabulario de una lengua y la capacidad para utilizarlo". Dicha competencia implica el conocimiento de elementos léxicos y gramaticales y cabrá a la competencia semántica los aspectos relacionados al significado de las unidades léxicas. Puesto que no hay cómo separar las palabras de sus significados, surge la subcompetencia léxico-semántica. Así, también según el MCER (adaptado de Consejo de Europa, 2002, p. 108), los elementos léxicos abarcan:

a. **Expresiones hechas**, que se componen de varias palabras que se usan y se aprenden como un todo. Ellas incluyen:
   » Fórmulas fijas – *Encantado de conocerle*; *Mucho gusto*; *Buenos días*, etc.
   » Modismos – Metáforas lexicalizadas como: *Estiró la pata* (murió); *Estaba en las nubes* (no prestaba atención).
   » Estructuras fijas – Aprendidas y utilizadas como conjuntos: *Por favor, ¿sería tan amable de + infinitivo...?*
   » Otras frases hechas – Como verbos con régimen preposicional o locuciones prepositivas: *convencerse de; atreverse a; competir con/por; delante de; por medio de*, etc.
   » Régimen semántico – Expresiones que se forman de palabras que normalmente se usan juntas, como: *cometer un crimen/error; disfrutar de*, etc.

b. **Polisemia** – Una palabra puede tener más de un significado (como es el caso de la palabra *banco*, que puede significar entidad financiera o un lugar para sentarse). Las palabras polisémicas incluyen miembros de las clases abiertas de palabras, como sustantivos, verbos, adjetivos y adverbios. Tales clases se llaman *abiertas*, en oposición a ciertos conjuntos léxicos *cerrados*, como: los días de la semana; los meses del año, etc.

Los elementos gramaticales también pertenecen a clases cerradas de palabras, como:

- Los artículos – *el, la, los, las / un, una, unos, unas.*
- Los cuantificadores – *poco, bastante, mucho...*
- Los demostrativos – *este, ese, aquel...*
- Los pronombres personales – *yo, tú, él, ella...*
- Los relativos – *que, el cual, cuyo...*
- Los posesivos – *mi, tu, su...*
- Las preposiciones – *a, en, bajo...*
- Los verbos auxiliares – *ser, estar, haber...*
- Las conjunciones – *y, o, pero...*

Como se observa en las categorías presentadas en el apartado (a), el MCER también refleja la tendencia, que comentábamos en los párrafos anteriores, a la consideración de combinaciones de palabras en la/el enseñanza/aprendizaje ELE.

Santamaría Pérez (2006) sostiene que la competencia léxica es la capacidad de relacionar formas con significados y utilizarlas de modo adecuado. Desde esa perspectiva, "comprender una palabra es un proceso mental que consiste en conocer su significado, su estructura y saber usarla" (Santamaría Pérez, 2006, p. 13). En ese sentido, conocer un ítem léxico implica el conocimiento de diferentes aspectos de tal ítem. A continuación, se presentan los elementos lingüísticos y extralingüísticos que, de modo general, componen la competencia léxica (Santamaría Pérez, 2006, p. 17-18).

» **La ortografía** – Consiste en el conocimiento y la destreza en la percepción y la producción de los símbolos que se emplean en la composición de los textos escritos. Para a escribir de forma correcta, el estudiante debe saber: las formas de las letras; la ortografía correcta de las palabras; los signos de puntuación y sus normas de uso y, además, los signos no alfabetizables de uso corriente, como @, &, $, etc.

» **La pronunciación** – Relacionada a la ortografía, es el conocimiento y la destreza en la percepción y la producción de las unidades de sonido (fonemas) y su realización en contextos concretos (alófonos). La pronunciación también incluye el conocimiento de los rasgos fonéticos responsables por la distinción entre fonemas sordos y sonoros, oclusivos, bilabiales, etc. Incluye también la composición fonética de las palabras (estructura silábica, etc.) y la fonética de las oraciones (acento, ritmo y entonación).

» **La información gramatical** – Se trata del conocimiento de los recursos gramaticales de una lengua y de la capacidad de usarlos. El conocimiento de las propiedades y relaciones gramaticales de las palabras forma parte del aprendizaje de la sintaxis de una lengua. Sin embargo, como se buscó demostrar en el Capítulo 2, las palabras también conllevan informaciones gramaticales, de ahí la relación que se establece entre léxico y gramática.

Así, cada nuevo ítem léxico que aprendemos acarrea determinadas informaciones gramaticales. Por ejemplo, si añadimos el morfema *s* a la palabra *niño* > *niños*, procesamos la información gramatical de que se trata de un morfema de plural. Igualmente, el morfema *o* nos indica que es un nombre masculino. Cuando adquirimos un nuevo ítem léxico, lo almacenamos y etiquetamos como sustantivo, adjetivo, verbo, etc. Ese tipo de información gramatical incluye también el conocimiento morfológico, referente a la organización interna de las palabras y la formación de nuevas palabras.

» **El significado** – Conocer una unidad léxica implica conocer también su significado o, al menos, aquellas acepciones más frecuentes en el discurso. El estudio del significado incluye aspectos como: la relación de las palabras con el referente (significado denotativo); las asociaciones o connotaciones de la palabra (significado connotativo); las relaciones semánticas entre las palabras; el significado que la palabra adquiere según el contexto en el que aparece.

» **Uso en contexto** – Se relaciona al entorno lingüístico, pragmático y social del que depende el significado de una palabra o enunciado. De esa forma, una misma palabra puede tener distintas interpretaciones según el contexto social en el que se utilice. Tomemos como ejemplo el ítem léxico *papeles*. Un enunciado como *¿Papeles?* o *¿Dónde están los papeles?* – dicho por un policía a un inmigrante ilegal – tendrá un significado, como mínimo, amenazador, puesto que se refiere a la documentación que tal inmigrante no posee. Ese mismo enunciado, en otro contexto, puede referirse simplemente a algunas hojas de papel o, incluso, referirse a los papeles (roles, personajes) de una actriz, por ejemplo. Imagínese el siguiente diálogo entre un director de teatro y una actriz:

D: *Vas a interpretar tres papeles diferentes esta semana.*

A: *¿Papeles?*

D: *Sí.*

A: *Pero me habías dicho que sería sólo uno, lo de la loca que se enamora de su enfermero.*

D: *Lo siento, dos de tus compañeras están enfermas. Entonces, también serás la viuda y la madre.*

A: *Bueno, necesito los textos para estudiarlos.*

D: *Está bien. Aquí los tienes.*

Como se observa en el contexto anterior, el enunciado *¿Papeles?* pasa a expresar la sorpresa de la actriz frente a la noticia de que tendrá que interpretar tres papeles y no uno, como ella imaginaba.

4.9 Las relaciones semánticas entre las palabras

Ciertamente palabras como *sinónimos* y *antónimos* ya forman parte de su vocabulario cotidiano, pues es una práctica muy común la definición de palabras como sinónimas o antónimas de otras. Como señalan Pietroforte y Lopes (2004, p. 125), las *"palavras são definidas umas em relação às outras. Por isso, na própria estruturação do sistema lexical, elas estabelecem diversos tipos de relações entre si"*.

Teniendo en cuenta que en la actualidad la enseñanza del vocabulario ha estado fuertemente anclada en las relaciones semánticas que se establecen entre las palabras, nos parece útil retomar, aunque someramente, aquellas relaciones más frecuentemente utilizadas en la elaboración de actividades de práctica de vocabulario.

4.9.1 La sinonimia

Se considera que dos palabras son sinónimas cuando es posible sustituir una por la otra en determinado contexto. Para poner un ejemplo, el adjetivo *nuevo* es sinónimo de *joven*, porque se puede sustituirlo por *joven* en el contexto *hombre nuevo* ⇒ *hombre joven*. Por otra parte, podemos decir *ropa nueva*, pero no **ropa joven*. Como señalan Pietroforte y Lopes (2004, p. 126), a excepción de algunas terminologías especializadas, no existen sinónimos perfectos, porque ellos no son intercambiables en todos los contextos. Incluso cuando los ítems son intercambiables en algunos contextos, ellos no son sinónimos perfectos, puesto que las condiciones de uso discursivo son diferentes. Por ejemplo, una forma puede ser más o menos intensa que otra, como es el caso de los adjetivos *alegre/feliz, desobediente/rebelde*, etc.

4.9.2 La antonimia

La antonimia se refiere a la relación de oposición de significados entre palabras (*alto – bajo*; *abierto – cerrado*; *bonito – feo*, etc.). Así como no hay significados idénticos entre sinónimos, tampoco hay oposición absoluta entre los antónimos. Palabras distintas pueden compartir el mismo antónimo, a condición de que tengan por lo menos un sentido en común. Por ejemplo, los adjetivos *fresco* y *joven* tienen como antónimo *viejo*, ya que *fresco*, cuando se refiere a alimentos, significa que se acabó de producir, o sea, nuevo. De ahí las oposiciones *pan fresco* ⇒ *pan viejo*; *hombre joven* ⇒ *hombre viejo*.

Mientras muchos antónimos expresan oposiciones extremas (*salir – llegar*, *dar – recibir*; *comprar – vender* y *muerto – vivo*), otros admiten grados intermedios y están sujetos a gradaciones según la percepción que se tenga de ellos, como es el caso de los ítems *rico – pobre*, que pueden no expresar valores absolutos. También antónimos como *grande – pequeño* o *alto – bajo* son relativos y presentan matices muy dependientes de la perspectiva que adopta el observador. Por ejemplo:

Cuando yo era niña, veía a mi padre como un gigante, tenía la percepción de que él era muy grande, pero, ahora que soy adulta, ya no lo veo tan grande como antes.

Lo mismo sucede cuando compramos una televisión nueva, con pantalla grande, de no sé cuántas pulgadas. Con el paso del tiempo, aparecen modelos con pantallas cada vez más grandes y nuestra percepción de lo que antes nos parecía grande va cambiando.

4.9.3 La hiperonimia y la hiponimia

La hiperonimia deriva de la palabra *hiperónimo*, que se refiere a un término más general que posee todas las características semánticas de un término más específico y que, por eso, se puede emplear en su lugar. La palabra *flor*, por ejemplo, es hiperónimo de *rosa, margarita, clavel, jazmín*, etc., pues esos últimos elementos poseen características que permiten su inclusión en la categoría *flor*. Así, *rosa, margarita, clavel* y *jazmín* son hipónimos de *flor*. El principio de la hiponimia es una de las formas de organizar el vocabulario para su enseñanza/aprendizaje, puesto que permite agruparlo por categorías.

En resumen, se entiende el hiperónimo como el significado más general que abarca los hipónimos, que son los tipos específicos. Veamos un ejemplo más: para el hiperónimo *mueble*, tenemos hipónimos como: *mesa, sillas, sofá, sillón, estantería, mesita de noche, ropero*, etc.

4.10 Algunas consideraciones

Desde los diferentes aspectos tratados en este capítulo, se verifica que el conocimiento de una unidad léxica es un proceso complejo que implica:

- » Saber pronunciarla.
- » Escribirla correctamente.
- » Saber su funcionamiento gramatical (conjugaciones, concordancias, orden que ocupa en frase, palabras que se pueden combinar, etc.).
- » Reconocerla al escucharla o al verla escrita.
- » Conocer sus significados importantes.
- » Saber utilizarla de forma adecuada en diferentes contextos.

Considerando los elementos que constituyen la competencia léxica, cuánto más aspectos de un ítem léxico conocemos, mayor es nuestro dominio de tal ítem. Sin embargo, es importante que los profesores sepan resistir a la tentación de presentar una gran cantidad de información conceptual a la vez. La presentación progresiva de las informaciones sobre los ítems posibilitará que el aprendiz vaya almacenando el vocabulario en su léxico mental y, además, le posibilitará fijar ese vocabulario en su memoria de modo a poder accederlo y utilizarlo en el futuro.

Teniendo en cuenta lo expuesto hasta aquí, subrayamos que el conocimiento de una unidad léxica consiste en un proceso cognitivo complejo en el que no sólo aprendemos la forma y el significado, sino también una red de relaciones formales y semánticas entre tal unidad y otras palabras, además de su uso. Por fin, según Santamaría Pérez (2006, p. 13), el aprendizaje del vocabulario ocurre de modo gradual y su adquisición implica tres procesos diferentes:

1. Entrada (*input*).
2. Almacenamiento.
3. Recuperación de los datos.

Con ello, nos encaminamos a los temas que orientarán el próximo capítulo.

Síntesis

A partir de la presentación de cómo se concibe el vocabulario en los diferentes enfoques metodológicos, es posible comprender los caminos recorridos por ese personaje hasta llegar a su papel actual, en el cual ha figurado como uno de los protagonistas, al lado de la gramática. Con el avance en los estudios en el área de adquisición del vocabulario, surgen planteamientos como los de Lewis (1993), nuevos conceptos y terminologías como *unidades léxicas* y *colocaciones*, que buscan captar una nueva forma de concebirse y, también, de enseñarse el vocabulario de una lengua extranjera.

Publicaciones más recientes, que adoptan una perspectiva moderna de enseñanza de los componentes léxicos, como el Consejo de Europa (2002) y Santamaría Pérez (2006), son un claro ejemplo de que los estudios de lingüistas aplicados y teóricos empiezan a resultar en acciones concretas.

Por fin, según las perspectivas teóricas presentadas, la enseñanza de secuencias de palabras parece ofrecer ciertas ventajas al aprendiz, puesto que favorecería los procesos cognitivos y el establecimiento de relaciones entre diferentes unidades léxicas.

Con la consideración de los diferentes elementos que componen la competencia léxica, se buscó evidenciar que la adquisición del léxico de una LE es un proceso complejo y gradual y que, por tanto, debe haber una planificación del profesor de modo a facilitar las informaciones referentes a las unidades léxicas de forma progresiva.

Indicaciones didácticas

Los sitios abajo ofrecen recursos de búsqueda de palabras y expresiones que pueden ser muy útiles a los profesores y también a los estudiantes de español como lengua extranjera, ya que siempre podemos ampliar y perfeccionar nuestro conocimiento léxico.

AULAHISPÁNICA. Disponible en: <http://www.aulahispanica.com/espanol/expresiones/idiomaticas>. Accedido el: 22 jun. 2012.

FUNDÉUBBVA – Fundación del Español Urgente. **Recomendaciones y dudas**. Disponible en: <http://www.fundeu.es/dudas>. Accedido en: 22 jun. 2012.

WORDREFERENCE.COM. Disponible en: <http://www.wordreference.com>. Accedido el: 22 jun. 2012.

Actividades de autoevaluación

1. Considerando las siguientes afirmaciones sobre las diferentes concepciones del vocabulario en la enseñanza de LE, marque con verdadero (V) o falso (F):

    ( ) En el método tradicional de gramática y traducción, el vocabulario forma parte de los recursos auditivos y visuales.

    ( ) En los métodos estructurales, el vocabulario procedía de textos escritos y la selección del vocabulario no estaba subordinada a criterios gramaticales.

    ( ) En la enseñanza basada en tareas, se definen los contenidos léxicos a partir de una tarea comunicativa.

    ( ) La selección del vocabulario a partir de criterios como frecuencia, rentabilidad, productividad, utilidad y necesidad es una característica del enfoque comunicativo.

    a. F, F, V, V.
    b. V, V, F, F.
    c. F, V, F, V.
    d. V, F, V, F.

2. En cuanto al enfoque léxico que propone Lewis (1993), señale si las afirmaciones son verdaderas (V) o falsas (F):

    ( ) En la perspectiva de Lewis (1993), el vocabulario es un elemento básico para la comunicación.

( ) Lewis (1993) parte del principio de que una gran cantidad del lenguaje que adquirimos es almacenada en nuestra mente como secuencias de palabras.

( ) Para ese autor, las palabras se adquieren individualmente y, a los pocos, se van conectando en la mente.

( ) La aparición del término *colocación* está ligada a la idea de que se adquieren las palabras aisladamente.

a. F, F, V, V.
b. V, V, F, F.
c. F, V, F, V.
d. V, F, V, F.

3. Teniendo en cuenta los términos *léxico* y *vocabulario*, indique si los enunciados siguientes son verdaderos (V) o falsos (F):

( ) El término *léxico* abarca las unidades léxicas formadas por una única palabra.

( ) Los dos términos son equivalentes, pues remiten al mismo concepto.

( ) El concepto de *léxico* es más amplio que el de *vocabulario*, ya que el primer se refiere a las palabras que están almacenadas en nuestra mente.

( ) El término *vocabulario* abarca las palabras simples y las combinaciones de palabras, como las colocaciones.

a. F, F, V, V
b. V, V, F, F
c. F, V, F, V
d. V, F, V, V

4. Considerando la clasificación de las unidades léxicas en español, señale la opción **incorrecta**:

   a. En las colocaciones, el significado total de la unidad léxica resulta de la suma del significado de sus elementos, como en *dar limosna* o *dar propina*.

   b. Igual que en las colocaciones, el significado de las expresiones idiomáticas resulta de la suma del significado de las palabras que las componen.

   c. En el enunciado *deja de hacer el oso que estás quedando en ridículo*, la combinación subrayada es una expresión idiomática.

   d. Las expresiones idiomáticas son combinaciones fijas cuyo significado no resulta de la suma del significado de las palabras que las componen.

5. Considerando la noción de competencia léxica, indique la opción correcta:

   a. La competencia léxica no incluye el conocimiento de los recursos gramaticales de una lengua y la capacidad para utilizarlos.

   b. Ningún ítem léxico contiene informaciones gramaticales.

   c. El conocimiento de un ítem léxico determinado independe de su significado y del contexto de uso.

   d. La competencia léxica se refiere al conocimiento del vocabulario de una lengua y a la capacidad para usarlo en los contextos adecuados.

Actividades de aprendizaje
Cuestión para reflexión

Mientras en español se dice que *está prohibido fumar en lugares públicos cerrados*, en portugués decimos que *é proibido fumar em lugares públicos fechados*. Además, en portugués se usa, preferencialmente, la colocación *ser casado* y en español se usa más *estar casado*. Teniendo en cuenta la noción de *colocaciones*, ¿cómo se puede explicar esas diferencias?

Capítulo 5

El aprendizaje
del vocabulario

En este capítulo, se dará atención a los diferentes procesos implicados en el aprendizaje del vocabulario. Para ello, es necesario comprender, aunque superficialmente, el papel desempeñado por la memoria, puesto que uno de los desafíos de los aprendices de una LE es lograr que la información léxica se vaya consolidando gradualmente en la memoria permanente. De esa forma, ellos necesitan desarrollar ciertas estrategias de aprendizaje que les ayuden en la descubierta de los nuevos significados y en la fijación de las nuevas unidades léxicas estudiadas.

5.1 El papel de la memoria

Si pensamos en la adquisición del vocabulario de una lengua extranjera, la memoria tiene un papel esencial, puesto que es en ella que almacenamos el conocimiento léxico adquirido. Thornbury (2002, p. 23), refiriéndose al vocabulario, afirma que aprender es ser capaz de recordar. Si es así, no podemos dejar de entender mínimamente cómo funciona la memoria, pues tal entendimiento nos ayudará a definir los procedimientos didácticos necesarios para la enseñanza del vocabulario. Según Thornbury (2002, p. 23), los estudiosos que se dedican al tema de la memoria normalmente distinguen tres sistemas: memoria a corto plazo; memoria activa; memoria a largo plazo. Veamos sucintamente cada una de ellas.

» **Memoria a corto plazo** – Se relaciona a la capacidad de la mente para retener un número limitado de información por períodos muy cortos de tiempo. Es ese tipo de memoria que nos permite, por ejemplo, conservar un número de teléfono hasta que se pueda apuntarlo en algún papel. Es también esa memoria que permite que el alumno repita una palabra que el profesor acabó de pronunciar. Sin embargo, para un aprendizaje de vocabulario exitoso, no basta conservar las palabras en la mente algunos segundos o minutos. Para que se incorporen a la memoria a largo plazo, las palabras deben pasar por diferentes tipos de operaciones.

» **Memoria activa** – Es una especie de lugar intermedio entre la memoria a corto plazo y la memoria a largo plazo. Es en ella que ocurren las operaciones cognitivas sobre las palabras, las cuales implican raciocinio, aprendizaje y entendimiento. Es un tipo de procesador mental en el que se pone la información, se la analiza, se la procesa y, después, se la archiva para posterior recuperación. La información procesada en la memoria activa puede venir de fuentes externas (estímulos visuales o auditivos) o se puede buscarla en la memoria a largo plazo, o ambos. Por ejemplo, un aprendiz puede escuchar la palabra *traicionar*, buscar una palabra parecida en la memoria a largo plazo (como *traer*) y comparar las dos en la memoria activa, antes de decidir si se trata de la misma palabra o no.

» **Memoria a largo plazo** – Un tipo de sistema de archivamiento de información. Diferentemente de la memoria a corto plazo, la memoria a largo plazo tiene una enorme capacidad de almacenamiento de información, pero el establecimiento definitivo de un ítem léxico en la memoria no es algo inmediato. Thornbury (2002, p. 24) comenta que el hecho de que los aprendices retengan un nuevo ítem léxico en una lección y no lo recuerden en la lección siguiente sugiere que la memoria a largo plazo ocupa un *continuum* entre lo que es rápidamente olvidado y lo que nunca se olvida. De esa forma, uno de los desafíos de los aprendices de una LE es lograr que la información léxica se establezca gradualmente en la memoria permanente.

5.2 El almacenamiento del léxico mental

Nuestra memoria debe ser continuamente activada para que las unidades léxicas aprendidas se incorporen a nuestro léxico mental, es decir, para que se instalen en la memoria a largo plazo y se las pueda recuperar en el futuro. Con base en Thornbury (2002, p. 24-25), resumimos a continuación algunos principios que pueden contribuir para que tal almacenamiento ocurra de forma más permanente.

- » **Repetición** – La forma tradicional de memorizar una nueva información es mediante su repetición mientras ella aún está en la memoria activa. No obstante, la simple repetición de un ítem léxico parece surtir poco efecto si no se hace algún intento simultáneo de organizarlo (si no hay algún esfuerzo cognitivo, como, por ejemplo, relacionar el nuevo ítem con otros ya conocidos). Un tipo de repetición importante para la adquisición léxica es la repetición de encuentros con un ítem, o sea, cuánto mayor la frecuencia de encuentros con determinada palabra (o secuencias de palabras), en un corto espacio de tiempo, mayores serán las chances de recordarla.
- » **Recuperación** – Al recuperar una palabra de la memoria, el aprendiz aumenta la probabilidad de recordarla otras veces más tarde. Actividades que requieren la recuperación del nuevo ítem, como usarlo para escribir oraciones, preparan el camino para usos futuros.
- » **Uso** – Poner las palabras en uso es la mejor forma de asegurar que ellas serán añadidas a la memoria a largo plazo. Ese es el principio popularmente conocido como "úselas o piérdalas".
- » **Profundidad cognitiva** – Cuanto más decisiones un aprendiz toma sobre una palabra y cuanto mayor el esfuerzo cognitivo para tales decisiones, mayor es la probabilidad de tener éxito al intentar recordarla. Por ejemplo, un juicio más superficial sería simplemente comparar una palabra con otra con la que rima, como *lechuga/lechuza*. Una decisión en un nivel cognitivo más profundo sería usar la palabra *lechuga* en una oración completa, como en: *Me gusta la ensalada de lechuga con cebolla*.

5.3 Formas de memorización

Según Scrivener (2005, p. 241), recordar un ítem léxico implica los siguientes procesos: almacenarlo, recuperarlo y usarlo. Así, además de los principios de almacenamiento presentados en el apartado anterior, hay algunas formas de memorización que los estudiantes pueden utilizar en el proceso de aprendizaje y fijación de las unidades léxicas (Giovannini, 1996b, p. 50-51).

» **Memoria visual** – La disposición física y visual de las palabras es un factor importante para la memorización. Considerando las listas abajo, ¿cuál de ellas le parece que sería más fácil memorizar?

agua	bolígrafo	mano	agua	aire	lavar
aire	dibujo	nube	bolígrafo		dibujo
avión	lavar	pez	mano	pez	avión
				nube	

agua, aire, lavar, bolígrafo, dibujo, mano, pez, avión, nube

Si la respuesta fue la primera, es muy probable que esté correcta, pues, además de la simetría de las columnas, las palabras están en orden alfabético, lo que puede facilitar su memorización. Pero, en todos casos, se puede hacer una experiencia enseñando cada una de las listas a tres estudiantes durante un minuto. Al cabo de ese tiempo, ellos deben escribir en una hoja las palabras que recuerden.

» **Memoria auditiva** – Muchos alumnos memorizan mejor al leer las palabras en voz alta. En ese caso, además de la memoria visual, también están utilizando la memoria auditiva. Ese tipo de memoria explica, por ejemplo, que algunas personas recuerden melodías, poemas y canciones muy fácilmente. Puesto que cada persona puede tener más desarrollado uno u otro tipo de memoria, conviene que las actividades con el vocabulario en clase tengan en cuenta esas diferencias individuales.

» **Memoria quinésica** – Hay personas que memorizan al escribir las palabras. El movimiento físico de la grafía les ayuda a recordar. Ese fenómeno está relacionado con la automatización de los movimientos y la fijación visual de la grafía por medio de los movimientos.

» **Inventarse una historia** – Hay también las personas que se inventan una historia como forma de memorizar una relación de palabras. Ese tipo de estrategia es muy importante, pues la memorización se produce de forma contextualizada, lo que contribuye para la mayor profundidad cognitiva de los ítems léxicos. Tomándose la lista anterior como ejemplo, tendríamos algo como:

Con el <u>bolígrafo dibujo</u> un <u>avión</u> en el <u>aire</u>, una nube, y un <u>pez</u> en el <u>agua</u>. Al terminar el dibujo, me <u>lavo</u> las <u>manos</u>.

» **Clasificar por temas** – Otra forma de organizar las palabras es separarlas por temas, como: cosas que se encuentra en la naturaleza (*aire, agua, nube y pez*), cosas producidas por el hombre (*bolígrafo, avión*), verbos de acción (*dibujar, lavar*), etc.

Algunas personas se benefician de la memoria visual, otras tienen más facilidad en recordar aquello que escuchan o escriben. Por lo tanto, las actividades de memorización del vocabulario deben tener en cuenta esos diferentes tipos de memoria y también los diferentes estilos de aprendizaje.

En el apartado siguiente, trataremos, más específicamente, de las diferentes estrategias de aprendizaje del vocabulario y daremos algunas sugerencias de cómo el docente puede orientar a los alumnos en el uso de dichas estrategias.

5.4 Tipos de estrategias de aprendizaje de vocabulario

A partir de la observación de que los "buenos alumnos" normalmente son también aquellos que usan diferentes estrategias de aprendizaje, no pocos autores han defendido la inclusión de las estrategias en la enseñanza de idiomas. Pero, ¿qué son esas estrategias de aprendizaje? Cotterall y Reinders (2005, p. 3-9), basándose en O'Malley y Chamot (1990), señalan tres tipos de estrategias que consideran importantes en el aprendizaje de idiomas: *cognitivas*; *metacognitivas*; *sociales/afectivas*. Veamos, a continuación, las principales características de cada una de ellas.

» **Estrategias cognitivas** – Se dividen en dos clases: estrategias que se aplican al aprendizaje de la lengua meta y estrategias empleadas en el uso de la lengua que se está aprendiendo.

La primera clase de estrategias implica procedimientos como: identificación, memorización, almacenamiento y recuperación de unidades léxicas. Forman parte de ese grupo las estrategias de **ensayo** (decir o escribir algo repetidas veces) y **elaboración** (se da cuando hacemos asociaciones mentales entre las nuevas informaciones y los conocimientos que ya poseemos o entre diferentes partes de las nuevas informaciones). Un ejemplo de ello es que al aprenderse una palabra nueva – como *oficina* – se puede asociarla con otros ítems del mismo campo semántico – como *empresa*, *trabajo* y *negocios*.

El segundo tipo de estrategia cognitiva se refiere a aquellas estrategias que el aprendiz, al comunicarse, usa para compensar las lagunas en el conocimiento de la LE, por eso también son conocidas como *estrategias de comunicación*. Ellas incluyen recursos como la **aproximación** (elección de una palabra con un sentido más general para expresar cierto significado, para el cual el aprendiz no encuentra la palabra específica, como el uso de la palabra *animal* para referirse a un *perro*) y la **paráfrasis**, a la cual el aprendiz recurre cuando no recuerda alguna palabra en la LE y busca explicarla por medio de formas como: *algo que se usa para...* o *algo hecho de...*

» **Estrategias metacognitivas** – Contribuyen para el aprendizaje del idioma de forma indirecta, puesto que ayudan a los alumnos a organizar y controlar su aprendizaje. Ese tipo de estrategia incluye el planeamiento de la organización del lenguaje escrito o hablado y el monitoreo durante la realización de una tarea.

» **Estrategias sociales/afectivas** – Implican actitudes como: cooperación, cuando los alumnos trabajan juntos en la resolución de un problema; cuestionamientos que objetivan algún esclarecimiento, o sea, cuando los estudiantes hacen preguntas que les ayudan a comprender determinado tema; hablar consigo mismo, esa "conversación" puede darse en silencio o en voz baja y posibilitaría tanto el incremento de la autoconfianza como la disminución de la ansiedad ante una situación de estrés.

En cuanto al aprendizaje del vocabulario, aunque diferentes autores hayan buscado establecer listas y clasificar estrategias, la propuesta de Oxford (1990), debido a su grado de detalles y elaboración, se ha convertido en una de las más conocidas. Esa autora propone una larga lista de estrategias que los aprendices utilizan en el aprendizaje del vocabulario, algunas de las cuales resumimos a continuación. Según Oxford (1990),

entre las estrategias que los aprendices usan para descubrir el significado de una nueva palabra, están:
- » Adivinar o inferir por el contexto.
- » Relacionarla con una **palabra cognada** en la L1.
- » Analizar las partes de la palabra (afijos y raíz).
- » Usar el diccionario bilingüe o monolingüe.
- » Pedir la traducción al profesor.
- » Preguntar el significado a los compañeros de clase.

Veamos, además, algunas estrategias que los alumnos pueden utilizar para fijar el vocabulario ya visto:
- » Poner el nuevo ítem léxico en uso, sea en el aula o en otros contextos.
- » Asociar las palabras a dibujos que representen su significado.
- » Agrupar el vocabulario por temas/campos semánticos (como palabras relacionadas con el aula: *sillas*, *pupitres*, *pizarra*, *alumno*, *profesor*, *libro*...) o por tipos de palabras (como palabras con grafía o sonido parecidos).
- » Asociar los ítems léxicos, o la información nueva, a los conceptos ya memorizados, o sea, a los conceptos que ya están fijados en la mente.
- » Hacer mapas semánticos, a partir de una palabra clave se hace un mapa con las palabras que se relacionan con ella.
- » Representar el sonido de la nueva palabra mentalmente.
- » Parafrasear el significado de la palabra.
- » Revisar regularmente para activar la memoria.

De acuerdo com Giovannini (1996b, p. 60), los aprendices pueden, aun, hacer anotaciones sobre el vocabulario aprendido, tales como:

» Escribir la palabra en la lengua meta y al lado la traducción en la lengua materna.
» Hacer un dibujo al lado de la palabra aprendida.
» Escribir la palabra y su definición en la lengua meta.
» Hacer una lista de adjetivos y sus antónimos.
» Anotar los sinónimos que conocen al lado de la nueva palabra.
» Hacer un dibujo en el que se encuentren todas las palabras del nuevo campo léxico aprendido, etc.

5.5 ¿Por qué enseñar estrategias de aprendizaje del vocabulario?

Si comparamos al tiempo que tenemos para adquirir el léxico de la lengua materna, el tiempo disponible para el aprendizaje del léxico de una L2 en el aula es poquísimo. Un niño adquiere alrededor de 5.000 ítems léxicos en su L1 hasta los 5 años de edad. Un adulto escolarizado alcanzará un léxico de aproximadamente 20.000 ítems en su lengua materna. Mientras tanto, la mayoría de los aprendices adultos de una LE, exitosos, alcanza alrededor de 5.000 ítems (Thornbury, 2002, p. 20).

Esos números nos hacen reflexionar sobre la importancia de que los aprendices desarrollen formas de estudio que les permitan continuar el proceso de aprendizaje léxico de forma más autónoma y eficiente. En ese sentido, Cotterall y Reinders (2005, p. 12) señalan cinco razones que justificarían la inclusión de las estrategias en la enseñanza de idiomas:

1. El alumno pasa a compartir la responsabilidad por su aprendizaje.
2. Las estrategias promueven un aprendizaje más eficiente.
3. La motivación del aprendiz aumenta.

4. El tiempo de práctica del idioma se amplía.
5. Los alumnos pueden controlar el propio aprendizaje.

Ante los argumentos anteriores y teniendo en cuenta que gran parte del aprendizaje de vocabulario en la lengua extranjera se da fuera del aula (cuando los alumnos hacen las actividades en casa, revisan, leen un libro, ven una película, escuchan músicas, etc.), se ve la necesidad de que los aprendices reciban orientación sobre cómo pueden aprender más y mejor.

Al encontrarse con nuevas unidades léxicas, es natural que los aprendices activen una serie de estrategias de aprendizaje a fin de captar los significados de esas unidades y aprenderlas. Normalmente, ese uso de las estrategias es algo inconsciente. Sin embargo, es probable que las estrategias de aprendizaje de vocabulario funcionen mejor si son usadas de forma consciente (Mercer, 2005, p. 25).

También es posible que los aprendices no conozcan algunas de esas estrategias, lo que hace imprescindible la actuación del profesor en su orientación. De esa forma, el profesor de ELE puede contribuir para el aprendizaje de los alumnos presentándoles las diferentes estrategias y orientándoles en cuanto al uso de las mismas. En otras palabras, si queremos que nuestros estudiantes sean capaces de seguir aprendiendo de forma autónoma y eficiente, también fuera del aula, es importante que les ayudemos a desarrollar tal habilidad.

5.6 Concienciación sobre las estrategias

El profesor puede ayudar a sus alumnos a percibir que hay otras estrategias, además de aquellas que ya usan, y también a identificar cuáles estrategias funcionan mejor para cada uno. ¿Pero, cómo se puede hacerlo?

Una posibilidad es la elaboración de un cuestionario por el profesor con el objetivo de llevar a los estudiantes a reflexionar sobre cómo estudian el vocabulario. Dicho cuestionario podrá contener informaciones como las siguientes.

¿Cómo estudio el vocabulario?					
Valora, según la escala, lo que tú haces:					
(1) Nunca o casi nunca.					
(2) Generalmente no (= menos de la mitad de las veces).					
(3) A veces (= más o menos la mitad de las veces).					
(4) Con frecuencia (= más de la mitad de las veces).					
(5) Siempre o casi siempre.					
Hago repasos frecuentes.	(1)	(2)	(3)	(4)	(5)
Coloco una nueva palabra en un grupo con otras palabras que, de alguna forma, son similares.	(1)	(2)	(3)	(4)	(5)
Uso combinaciones de sonidos e imágenes para recordar la palabra.	(1)	(2)	(3)	(4)	(5)
Construyo una imagen mental o hago un dibujo para recordar la palabra.	(1)	(2)	(3)	(4)	(5)
Uso fichas con la palabra nueva a un lado y la definición u otra información al otro.	(1)	(2)	(3)	(4)	(5)
Repito o escribo muchas veces la palabra.	(1)	(2)	(3)	(4)	(5)
Uso las palabras aprendidas en nuevas frases.	(1)	(2)	(3)	(4)	(5)
Utilizo el diccionario como ayuda para entender lo que leo.	(1)	(2)	(3)	(4)	(5)
Cuando no comprendo una palabra intento suponer su significado a partir del contexto y de la situación.	(1)	(2)	(3)	(4)	(5)

Fuente: Adaptado de Giovannini, 1996a, p. 41.

Tras contestar el cuestionario, los estudiantes podrán comparar sus respuestas con las de sus compañeros y comentarlas. Con ese procedimiento es muy probable que algunos de ellos se den cuenta de que pueden ampliar el uso de las estrategias.

Otra forma de llamar la atención de los aprendices para el uso de las estrategias es hacer el siguiente experimento: los estudiantes tienen tres minutos para memorizar diez palabras que les presenta el profesor; ellos pueden trabajar individualmente o en pequeños grupos. Al cabo de los tres minutos, los estudiantes deberán tomar nota de las palabras que recuerden en una hoja. ¿Cuántas palabras consiguieron recordar? A continuación, los alumnos conversan con sus compañeros sobre las técnicas que utilizaron en la memorización (por ejemplo: imaginar una historia, relacionar las palabras con imágenes, construir oraciones con las palabras, repetirlas mentalmente, escribirlas, etc.) y, todos juntos, intentan hacer una relación de de las técnicas que resultaran más productivas.

5.7 Practicando las estrategias

Como se ha señalado en los apartados anteriores, el agrupamiento de unidades léxicas, siguiendo determinados criterios, es una de las estrategias para fijar el vocabulario en la memoria. ¿Vamos a practicar un poco? Observe los grupos de palabras siguientes. ¿Qué tienen estas palabras en común para que estén juntas? ¿Llegarán todos los estudiantes a la misma conclusión?

   a. *Café, leche, pan, mantequilla.*
   b. *Ajedrez, fútbol, tenis, balonmano.*
   c. *Cocina, pasillo, comedor, garaje.*
   d. *Ola, arena, cangrejo, isla.*

Después de hacer una actividad como esa, es importante que los alumnos comparen sus respuestas con las de sus compañeros y justifiquen el porqué del agrupamiento. Ello les posibilitará percibir que se puede agrupar las unidades léxicas por áreas temáticas, como: a) *el desayuno*; b) *deportes*; c) *partes de la casa*; y d) *la playa*.

Otra forma de practicar las estrategias es distribuir varias palabras a los alumnos para que ellos mismos las agrupen. Ellos tendrán que establecer algún criterio que justifique la inclusión de las unidades en uno u otro grupo. Además de las áreas temáticas, también es posible agrupar las palabras por categorías (sustantivos, verbos, adjetivos, etc.); por semejanzas ortográficas; por tipos (concretas, abstractas,…), etc.

La construcción de mapas semánticos es otra manera de practicar las estrategias. Tomemos, como ejemplo, la unidad léxica *vacaciones*. ¿Con qué otros ítems podemos relacionarla?

Figura 5.0 – Esquema: mapa semántico de la unidad léxica *vacaciones*

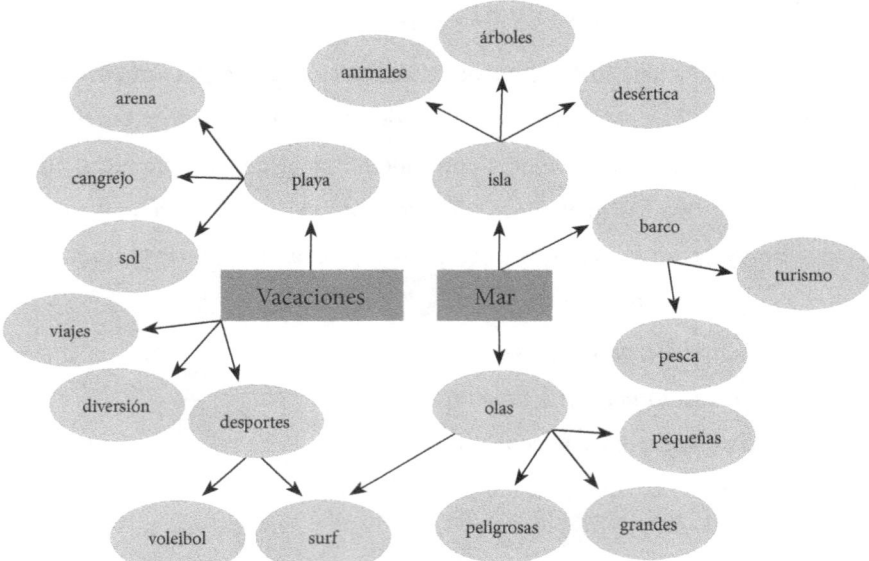

Observe que el mapa semántico ofrece muchas posibilidades de ampliación. El lector puede intentar imaginar, por ejemplo, qué otros ítems léxicos se relacionan con *animales*, *diversión* o *turismo*.

Los modelos de actividades anteriores son tan sólo una muestra de cómo se puede hacer la concienciación para el uso de estrategias. Además, al trabajarse las estrategias en el aula hay que recordar que cada alumno tiene su propio estilo y preferencias de aprendizaje y que, por tanto, una visión prescriptiva sería inadecuada.

Así, no cabe al profesor decidir o imponer el tipo de estrategia que los alumnos deben emplear. Su papel consiste, más bien, en trabajar en colaboración con los aprendices en el sentido de orientarles en la descubierta y desarrollo del conjunto de estrategias que les ofrecen mejores resultados en la consolidación del vocabulario que están aprendiendo.

Síntesis

En este capítulo, hemos hecho un breve recorrido por los diferentes tipos de memoria, relacionándolos a los procesos implicados en el aprendizaje del vocabulario, es decir, al almacenamiento, a la consolidación y a la recuperación de los ítems léxicos. También hemos reflexionado sobre la importancia del trabajo de concienciación en el aula sobre el uso de las estrategias de aprendizaje de vocabulario, ya que la falta de ese conocimiento puede hacer con que algunos estudiantes se limiten al uso de unas pocas estrategias. Si se orienta bien al estudiante sobre cómo usar dichas estrategias, él podrá seguir su proceso de aprendizaje de forma más autónoma y eficiente. Considerando la necesidad de un trabajo sistemático, se ha presentado algunas sugerencias de práctica de las estrategias en el aula. Subrayamos que ese tipo de actividad tiene como objetivo hacer los aprendices más conscientes de su propio proceso y estilo de aprendizaje y ampliar el abanico de estrategias que ellos podrán utilizar para fijar el vocabulario.

Indicación didáctica

Recomendamos la lectura del cuento "Dos palabras", de Isabel Allende, por ser un bello ejemplo de cómo las palabras son importantes para el ser humano. El uso de la palabra cierta, en la hora cierta, puede crear y transformar realidades, modificar vidas, enfurecer o ablandar corazones.

ALLENDE, I. **Cuentos de Eva Luna**. Barcelona: Plaza Janes, 1996.

Actividades de autoevaluación

1. En cuanto a los principios que pueden favorecer el almacenamiento léxico, indique si las afirmaciones son verdaderas (V) o falsas (F):

    ( ) Todavía se considera la mera repetición como la forma más eficaz de memorizarse nuevos ítems léxicos.

    ( ) La probabilidad de que recordemos una nueva palabra es proporcional a la cantidad de veces que nos encontramos con esa palabra.

    ( ) Cuanto menos decisiones toma un aprendiz sobre una nueva unidad léxica, más chances tendrá de recordarla.

    ( ) La utilización, por el aprendiz, de la nueva unidad léxica en una oración favorece su recuperación en usos futuros.

    a. F, F, V, V.
    b. V, V, F, F.
    c. F, V, F, V.
    d. V, F, V, F.

2. Considerando los tipos de estrategia, señale las afirmaciones siguientes con verdadero (V) o falso (F):

   ( ) Las estrategias cognitivas incluyen la paráfrasis, la aproximación y la cooperación entre los alumnos.

   ( ) Las estrategias afectivas incluyen procedimientos como: identificación, memorización, almacenamiento y recuperación de unidades léxicas.

   ( ) La elaboración es un tipo de estrategia cognitiva que ocurre cuando establecemos relaciones entre las nuevas informaciones y nuestros conocimientos anteriores.

   ( ) Si el alumno no sabe como decir *sarampión* en español y recurre a una palabra con sentido más amplio, como *enfermedad*, él está empleando una estrategia comunicativa.

   a. F, F, V, V.
   b. V, V, F, F.
   c. F, V, F, V.
   d. V, F, V, F.

3. En cuanto a la enseñanza de las estrategias de aprendizaje del vocabulario, señale las afirmaciones siguientes con verdadero (V) o falso (F):

   ( ) El aumento del tiempo de práctica de la lengua meta y la mayor autonomía del alumno están entre los factores que justifican la inclusión de las estrategias en la enseñanza de idiomas.

   ( ) Buena parte del aprendizaje de vocabulario ocurre fuera del aula, por eso es importante que el alumnado tome consciencia de las estrategias que se puede utilizar para que tal aprendizaje sea más eficaz.

( ) Puesto que los aprendices utilizan las estrategias inconscientemente, no hay justificativa para que el profesor les oriente en el uso de las mismas.

( ) Una determinada estrategia de aprendizaje de vocabulario siempre presenta los mismos resultados para todos los aprendices.

a. F, F, V, V.
b. V, V, F, F.
c. F, V, F, V.
d. V, F, V, F.

4. Entre las estrategias utilizadas por los alumnos para descubrir el significado de una nueva palabra, están:

I. Analizar las partes de la palabra.
II. Representar mentalmente el sonido de la nueva palabra.
III. Inferir o adivinar a partir de las pistas del contexto.
IV. Asociar las palabras nuevas a los conceptos que ya tenemos en nuestra mente.

a. Solamente las I y III están correctas.
b. Solamente la alternativa I está correcta.
c. Las alternativas I, II y IV están correctas.
d. Todas las alternativas están correctas.

5. Considerando las diferentes estrategias que los alumnos pueden usar en el aprendizaje del vocabulario, indique la opción **incorrecta**:

a. Agrupar el vocabulario por temas es una estrategia de fijación.

b. Parafrasear el significado de una palabra es una estrategia de comunicación usada cuando el aprendiz no recuerda determinado ítem léxico.

c. El uso del diccionario es una de las formas de descubrir el significado de una palabra.

d. La revisión regular de los ítems léxicos es una estrategia de descubrimiento del significado de tales ítems.

Actividades de aprendizaje

Cuestión para reflexión

Según la psicolingüista Carmen Muñoz (2002, p. 102),

> El conocimiento de sus características personales puede ayudarle mucho en su aprendizaje (qué canal perceptivo prefiere y qué estrategias utiliza para aprender y comunicarse). Además, con ello potencia su propia autonomía, con la cual podrá seguir progresando sin depender del profesor ni el método que éste utilice.

Considerando la cita anterior y también lo expuesto a lo largo de este capítulo, reflexione sobre su propio estilo de aprendizaje y sobre cómo el profesor puede orientar a sus alumnos para el uso de las estrategias de aprendizaje – especialmente las estrategias de aprendizaje del vocabulario de ELE.

Capítulo 6

La enseñanza del vocabulario en la clase de ELE

En los Capítulos 4 y 5, se buscó presentar las bases teóricas y los principales conceptos relacionados con la enseñanza y el aprendizaje del vocabulario de una lengua extranjera. Consideramos que esos son conocimientos importantes para que el profesor tenga más condiciones de evaluar la forma como se trata el vocabulario en el material didáctico que utiliza y, principalmente, de analizar sus propias concepciones sobre la/el enseñanza/aprendizaje del vocabulario. En el cotidiano de enseñanza de la lengua española, en medio a diferentes grupos, niveles y necesidades, los profesores a menudo se encuentran ante, por lo menos, tres cuestiones básicas: ¿Qué vocabulario enseñar? ¿Cuándo enseñarlo? ¿Cómo enseñarlo? Así, son esas las cuestiones que nos guiarán en este último capítulo.

6.1 ¿Qué vocabulario enseñar?

Como se comentó en el Capítulo 4, es innegable la importancia que ha adquirido el estudio del vocabulario en las últimas décadas. De accesorio, el vocabulario se ha convertido en uno de los elementos esenciales en el desarrollo de la competencia comunicativa. Como bien expone Santamaría Pérez (2006, p. 42):

> El léxico es un elemento fundamental para la comprensión y la producción del texto, pues [...] las estructuras de una lengua no son independientes de los significados, siempre aparecen realizadas en determinadas palabras. Por tanto, el vocabulario debe ocupar un lugar destacado en el aprendizaje de una lengua, materna o extranjera, y su didáctica no puede llevarse a cabo mediante listas de palabras que se explican o se traducen, sino que su enseñanza debe ser programada y organizada en función de los objetivos comunicativos planteados.

Generalmente los manuales suelen encargarse de la selección y organización del vocabulario que se enseñará en cada unidad didáctica. Sin embargo, el profesor puede (y debe) complementar tales materiales siempre que sea necesario. Muchas veces, los aprendices presentan necesidades específicas, como la de conocer el vocabulario relativo a un área profesional, para viajes, para hacer un examen, etc. En esos casos, también cabrá al profesor seleccionar el vocabulario según los diferentes objetivos.

El vocabulario que se enseñará precisa ser delimitado según ciertos criterios de planificación. Así, el Ministerio de Educación y Ciencia Español, con base en las orientaciones del Consejo de Europa (2002), ha establecido las siguientes áreas y subáreas temáticas para la obtención del Diploma de Español como Lengua Extranjera (adaptado de Gómez Molina, 2004b, p. 795-796):

» **Identificación personal** – Nombre y apellidos; dirección; número de teléfono; estado civil; sexo; fecha y lugar de nacimiento; documentación legal; idioma, nacionalidad; profesión; características físicas y psicológicas.
» **Casa y alojamiento** – Tipo, situación y tamaño de la vivienda; habitaciones; muebles y objetos de hogar; alquiler; alojamiento en hotel, *camping*, etc.
» **Trabajo, estudios y ocupación** – Características, horario, actividad diaria y vacaciones; salario; cualificación profesional; tipo de enseñanza, etc.
» **Tiempo libre** – Intereses personales; deportes; actividades intelectuales y artísticas, etc.
» **Viajes y transportes** – Tipos de transporte; billetes y precios; vacaciones; aduanas; documentos de viaje; equipaje.
» **Relaciones sociales** – Parentesco; amistad; presentaciones; formas sociales (invitaciones, citas, saludos, etc.); correspondencia.
» **Salud y estado físico** – Partes del cuerpo; higiene; percepciones sensoriales; estados de salud; enfermedades; medicinas, etc.
» **Compras** – Grandes almacenes; precios; monedas; pesos y medidas; alimentación; ropa; artículos del hogar.
» **Comidas y bebidas** – Gastronomía; locales de comidas y bebidas.
» **Servicios públicos** – Correos; teléfonos; bancos; policía y oficinas de información turística.
» **Tiempo y clima** – Clima; meteorología; fenómenos atmosféricos, etc.
» **Problemas de comunicación** – Comprensión, corrección; aclaración; negociación; repetición y rectificaciones.

Como se puede observar, esas áreas y subáreas reúnen cuatro grandes esferas de la vida de una persona: la personal (casa, parentesco, etc.); la pública (transacciones, instituciones, etc.); la profesional; la educativa. De esa forma, al planificar el vocabulario que se enseñará, conviene que el profesor tome en cuenta esas principales áreas y subáreas temáticas, considerando los distintos contextos de uso y los diversos tipos de unidades léxicas (sustantivos, adjetivos, verbos y combinaciones) relacionadas con tales (sub)áreas.

No obstante, no se puede olvidar que, tratándose del léxico, la calidad es más importante que la cantidad. Así, teniendo en cuenta las necesidades comunicativas de los alumnos, el profesor debe preocuparse en trabajar con profundidad un número limitado de ítems léxicos por unidad didáctica o tarea comunicativa. ¡No sirve de nada sobrecargar a los alumnos con una gran cantidad de palabras que no tienen utilidad para ellos!

De modo a atender a las necesidades comunicativas de los aprendices, además de las áreas temáticas, hay otros criterios que pueden ayudarnos a decidir sobre el vocabulario que se enseñará. La mayoría de los especialistas coincide sobre criterios como: **frecuencia, productividad, utilidad, necesidades** e **intereses** de los alumnos.

Las listas de frecuencia, las cuales se basan en aquellas palabras que más se usan en español, por mucho tiempo fueron el principal criterio utilizado para la selección del vocabulario a ser enseñado. Sin embargo, actualmente no se ve tal criterio como suficiente para una selección adecuada debido a las siguientes limitaciones:

» La relación de palabras obtenidas va a depender de las fuentes consultadas por los autores (por ejemplo, si son textos orales o escritos).

- » Esas listas precisan ser seguidamente actualizadas de forma a incorporar los nuevos ítems que surgen en la lengua.
- » Esas relaciones de frecuencia no traen información sobre las características discursivas, pragmáticas o socioculturales de las palabras.
- » Hay también el hecho de que las palabras más frecuentes son las llamadas palabras funcionales, como: preposiciones, conjunciones, artículos, etc. (*de, que, a, la, al, para, sobre, en, pero, y, el*). Esos vocablos generalmente aparecen en el discurso acompañando sustantivos y verbos, pero cuando están solos son vacíos de significado.

La productividad y utilidad de un ítem léxico son otros factores a considerarse a la hora de decidir qué vocabulario enseñar. Considere su propio proceso de aprendizaje de una LE, ¿le resultaría más fácil aprender palabras que atienden a sus necesidades más inmediatas de comunicación o palabras que tal vez nunca llegue a utilizar? Tenemos que recordar, sin embargo, que no todas las unidades léxicas que enseñamos o aprendemos serán usadas de forma productiva. Es decir, muchas veces somos capaces de reconocer ciertas palabras o combinaciones de palabras en un contexto; ellas nos posibilitan comprender enunciados, músicas, películas, etc., pero no las usamos en nuestras producciones. Tales unidades forman parte del llamado **vocabulario receptivo**.

Aún en cuanto a la productividad y utilidad, hay que tener en cuenta que las palabras más productivas son aquellas formas genéricas que se usan en diferentes situaciones, posibilitando la comunicación, a pesar de las carencias de vocabulario del aprendiz.

Analicemos las siguientes palabras: *lluvia, certidumbre, juguete, pelota, muñeca, paraguas*. ¿Cuál de ellas sería más productiva y útil a un niño que estuviera aprendiendo el español como LE? Sí, la respuesta es *juguete*. Además del hecho de que los *juguetes* forman parte del universo infantil, la palabra *juguete*, por ser genérica, abarca otros objetos (como *pelota* y *muñeca*) y puede, incluso, sustituirlos para fines comunicativos (*No sé cómo se llama, es un juguete que se usa para jugar al fútbol...*).

En una propuesta de enseñanza centrada en el alumno, es fundamental que se considere sus necesidades e intereses. Así, ese es un criterio muy importante a la hora de decidir qué vocabulario enseñar. A pesar de haber un vocabulario básico que todos los aprendices precisan conocer para que puedan comunicarse en el cotidiano (saludos, pedir informaciones, agradecimientos, etc.), el vocabulario específico necesario a un estudiante de Derecho, que necesita leer textos académicos en español, por ejemplo, es muy diferente del vocabulario que una secretaria va a necesitar para hacer y recibir llamadas telefónicas, escribir cartas comerciales, etc.

Como se mencionó en los dos últimos capítulos, aprender el léxico de una LE es un proceso cognitivo complejo que implica mucho más que una simple transferencia de rótulos de palabras de la lengua materna para la lengua meta. Además, el aprendizaje de una nueva palabra por el alumno está directamente relacionado a la necesidad de aprenderla, al sentimiento de que ella le puede ser útil en la comunicación cotidiana, las actividades profesionales, académicas, etc. Sin embargo, si el alumno no es consciente de esas necesidades, es el profesor el que debe motivarlo a aprender determinado vocabulario, despertando esa necesidad a partir de la realización de diferentes tareas (Santamaría Pérez, 2006, p. 16).

Para un tratamiento didáctico que favorezca el desarrollo de la competencia léxica, se recomienda que la enseñanza del léxico en los niveles iniciales e intermedio sea planificada siguiendo el criterio de frecuencia de uso y las áreas temáticas. Ya para los niveles avanzados, la forma más productiva de presentarse el vocabulario nuevo es por medio de textos, tanto orales como escritos (Gómez Molina, 2004b, p. 798).

En ese sentido, algunos autores defienden el uso de textos auténticos, en lugar de textos inventados por los profesores o productores de materiales didácticos. No obstante, como ya mencionamos en otra ocasión, es el profesor quien debe evaluar su contexto de enseñanza y, según las posibilidades, elegir la modalidad de texto más adecuada.

6.2 ¿Cuándo enseñar vocabulario?

Es un hecho que el vocabulario está siempre presente en nuestra rutina del aula, puesto que es por medio de las palabras que nos referimos al mundo, a las cosas y personas que nos rodean, a los sentimientos, necesidades, deberes, etc. Esa lista podría ser demasiado larga, ya que la comunicación verbal se da básicamente por medio de palabras. Desde el primer momento en el que entramos en contacto con la lengua extranjera somos expuestos a nuevas formas de representar el mundo, de nombrar ese mundo y de relacionarnos mediante la lengua que estamos aprendiendo. Nos encontramos ante diferentes maneras de **presentarnos**, **saludar**, **despedirnos**, **agradecer**, **pedir permiso**, **aclarar una duda**, **invitar**, **elogiar**, etc. Si es así, aunque muchas veces no nos damos cuenta, el vocabulario siempre está presente en las más diferentes actividades realizadas en el aula.

Tradicionalmente el vocabulario ha estado al servicio de otros objetivos, como:

- » Interpretar un texto.
- » Comprender una grabación.
- » Practicar ciertas estructuras gramaticales.
- » Practicar determinadas funciones.
- » Practicar la expresión oral y escrita o la pronunciación.

Sin embargo, desde una perspectiva actual, se puede tratarlo en diferentes momentos del proceso de enseñanza/aprendizaje y es posible, incluso, que sea el objeto de algunas clases. Basándonos en Alonso (1994, p. 62), relacionamos, a continuación, algunas posibilidades de cuándo trabajar el vocabulario.

- » Como objetivo de la clase – En ese caso, se puede trabajar determinado campo semántico, como, por ejemplo, *las ropas* (*la falda/ pollera, el pantalón, el pijama, la bufanda, los calcetines...*); otra posibilidad es explotar el vocabulario necesario para hablar sobre un tema específico, como *la salud, los deportes, las frutas y legumbres, los pescados, la disposición,* etc.
- » Antes de un ejercicio – De comprensión escrita; comprensión auditiva; expresión escrita; expresión oral; o cualquier actividad que requiera el vocabulario para su realización.
- » Después de un ejercicio de comprensión oral o escrita – Es posible llamar la atención para el vocabulario que apareció contextualizado.
- » Según vaya apareciendo – A partir de las necesidades comunicativas de los alumnos o porque el profesor ha despertado tal necesidad con las actividades propuestas.
- » Trabajarlo seguidamente – Como revisión.

Tras haber visto los principales criterios que pueden orientar la selección del vocabulario a ser enseñado y cuándo enseñarlo, a continuación, nos ocuparemos de las diferentes formas de trabajarlo en el aula. Para ello, nos centraremos en tres momentos del proceso de enseñanza/aprendizaje del léxico: las actividades previas, la presentación de nuevas unidades léxicas y la práctica de tales unidades. ¡Vamos al cómo!

6.3 Actividades previas

Antes de la presentación de un nuevo tema y, por consiguiente, del vocabulario relacionado con él, hay algunas actividades que se puede realizar para activar y, también, verificar los ítems léxicos que ya conocen los alumnos. Tales actividades generalmente preceden al trabajo con textos escritos. No obstante, antes de una actividad auditiva que contenga ítems desconocidos que serán necesarios para su conclusión, también conviene que se haga un trabajo previo. Como un ejemplo vale más que mil palabras, ¡ejemplifiquemos!

Imagínese que el profesor va a empezar una nueva unidad didáctica del español básico la cual tratará del siguiente tema: *en el restaurante*.

Una de las posibilidades es pedir que los alumnos hagan una lista con todas las palabras que conozcan relacionadas con ese tema.

En un segundo momento, los estudiantes pueden comparar sus datos entre sí y, todos juntos, elaborar una nueva lista que reúna todos ítems léxicos levantados.

A continuación, se hace la lectura de un texto referente al tema, que puede ser un diálogo, una historia, etc.

Tras la lectura y bajo la orientación del profesor, los alumnos subrayan el léxico nuevo y buscan sus significados en el diccionario[1].

El ejemplo de actividad anterior parte de la técnica conocida como *"lluvia de ideas"* (*brainstorm*, en inglés), pero hay diferentes maneras de hacer ese trabajo previo con el vocabulario (Scrivener, 2005, p. 231):

- » Desenvolver actividades que relacionan palabras con imágenes.
- » Buscar el significado de palabras en el diccionario.
- » Relacionar las palabras con sus definiciones.
- » Dividir las unidades léxicas en grupos (por ejemplo, en el caso del restaurante: unidades referentes al servicio y unidades referentes a las comidas y bebidas).
- » Llenar oraciones usando las palabras de una lista.
- » A partir de una lista, decir qué palabras se espera que aparezcan en un texto específico.

Además de servir como actividades previas, los procedimientos anteriores pueden también ayudar a los aprendices a recordar ítems que ellos ya conocen o, incluso, pueden ser una forma de presentar nuevos ítems. De todos modos, el principal objetivo de ese trabajo previo es garantizar que la actividad siguiente tenga éxito, ya que se minimiza los ítems léxicos que los alumnos desconocen.

---

[1] Ese último procedimiento es importante, pues el desarrollo del hábito de usar el diccionario contribuye para que los estudiantes sean más independientes en su aprendizaje. Sin embargo, nada impide que el profesor les facilite los significados de los nuevos ítems, presentándoles definiciones, explicaciones, ejemplos, etc.

6.4 La presentación del vocabulario

La presentación se refiere a la primera vez que los aprendices entran en contacto con una unidad léxica, tanto con su forma como con su significado. Los recursos que el profesor puede utilizar para presentar una nueva unidad léxica son muy variados, lo que posibilita que se diversifique las técnicas de presentación, de modo a evitarse el favorecimiento de algunas estrategias de aprendizaje en detrimento de otras.

Además, una presentación adecuada, utilizando técnicas variadas, posibilitará que el estudiante tome nota de forma más ordenada y eficiente (en lugar de limitarse a escribir una lista de palabras en el orden cronológico en que van apareciendo en las clases). Tal procedimiento contribuirá para que el aprendiz establezca relaciones entre la forma, los significados y el uso de las diferentes unidades, enriqueciendo su proceso de aprendizaje y facilitando la retención y posterior utilización de los ítems aprendidos.

A partir de los diferentes autores consultados[2], a continuación, resumimos las principales formas de presentación del vocabulario. Así, al introducir nuevas unidades léxicas, el profesor puede:

» Utilizar recursos visuales – Objetos reales, fotos, imágenes, dibujos, etc.[3]

» Utilizar gestos y mímicas – Para presentar: estados de ánimo, como *estar preocupado, enfadado, alegre o triste*; verbos de acción, como *bailar, conducir, dibujar, llorar, peinarse, afeitarse*, etc.

---

2 Principalmente, Alonso (2002), Gómez Molina (2004b) y Santamaría Pérez (2006).

3 Considerando el uso de figuras y objetos en la presentación del vocabulario, Thornbury (2002, p. 80) señala la necesidad de que se restrinja el número de nuevos ítems que serán trabajados a cada clase (alrededor de diez nuevos ítems) y la importancia de seguir revisando los ítems ya vistos anteriormente.

- » Traducir[4] – Ejemplo: "*Oficina*, en portugués, es *escritorio*".
- » Usar prefijos y sufijos – Para formar nuevos ítems léxicos a partir de una palabra determinada: *dignidad > dignificar; dignidad > digno(a); digno(a) > dignamente; digno(a) > indigno(a)*, etc.
- » Definir – Ejemplo: "*Bolígrafo* es un objeto que sirve para escribir y que lleva tinta en su interior".
- » Explicar con ejemplos – "*Juguete* es todo lo que los niños usan para jugar, por ejemplo, una muñeca, un cochecito, una pelota, un osito de peluche, robots de Batman, etc."
- » Sinónimos – Ejemplo: "*Empezar* es sinónimo de *comenzar*".
- » Antónimos – Ejemplo: "*Delgado* es lo contrario de *gordo*".
- » Presentar el léxico contextualizado – En un texto, relacionado a la unidad temática, etc.
- » Agrupar las entradas léxicas – Por sus combinaciones sintagmáticas.
- » Seleccionar las unidades léxicas – Aquellas más importantes de un tema.
- » Utilizar otros recursos – Usar tablas; emplear escalas; elaborar mapas semánticos.

El trabajo con las definiciones, sinónimos y antónimos puede ocurrir a partir de un texto, mediante actividades como relacionar las palabras retiradas del texto con las definiciones, los sinónimos o los antónimos.

---

4 Aunque la traducción no sea la forma más recomendable de presentarse un nuevo ítem, a veces ella es necesaria, especialmente en el caso de palabras que se refieren a conceptos abstractos, difíciles de ser representados por mímicas, gestos o imágenes.

Algunas de las actividades anteriores (como es el caso de los mapas semánticos, los agrupamientos por combinaciones y las selecciones de unidades léxicas referentes a un determinado tema) además de servir para la presentación de nuevas unidades, también pueden ser usadas para revisar el vocabulario que se está aprendiendo.

Considerar la naturaleza de la unidad léxica que se va a presentar es esencial a la hora de elegir la técnica que se utilizará. Por ejemplo, es más fácil usar imágenes u objetos reales para presentar palabras que denotan objetos concretos (*llaves, bolígrafo, borrador*, etc.). Para las palabras que remiten a conceptos abstractos, difíciles de ser representados visualmente (*alma, hermosura, dicha, soledad*, etc.), conviene la presentación por medio de textos, pues el aprendiz podrá analizar el contexto en el cual la palabra se encuentra. Sin embargo, la definición y la ejemplificación también son recursos adecuados en ese último caso.

Ya para los adjetivos relacionados con los estados de ánimo, los gestos y mímicas facilitan la comprensión del significado por el aprendiz. También se puede usar fotos e imágenes para representar tales estados. Asimismo el uso de sinónimos y antónimos podrá ayudar a aclarar los significados de determinados adjetivos y verbos. Ejemplos: *contento* es sinónimo de *alegre*; *bueno* es lo contrario de *malo*; *molestar* es el mismo que *enfadar*; *bajar* es lo opuesto de *subir*, etc.

También se puede combinar las explicaciones usando el lenguaje verbal con los recursos no verbales, como dibujos y mímicas. Según observa Thornbury (2002, p. 81), la explicación del significado usando la lengua meta – a pesar de demandar más tiempo que la traducción, los recursos visuales y los gestos – presenta ciertas ventajas, puesto que posibilita que los aprendices practiquen también la comprensión auditiva. Ellos necesitarán asimismo empeñarse más para entender el significado de un ítem, lo que resultaría en mayor compromiso cognitivo. No obstante, al definirse una unidad léxica, es importante que las palabras empleadas en la definición sean accesibles a los alumnos. Si no es así, el entendimiento del significado podrá ser una tarea imposible.

Las técnicas de presentación de un ítem léxico simple son las más conocidas y normalmente utilizadas por los profesores de idiomas, aunque muchas veces de modo intuitivo. Por eso, vamos a ejemplificar aquellas formas de presentación que implican el trabajo con un conjunto de unidades léxicas que están semánticamente relacionadas. Forman parte de ese grupo las tablas, las escalas y los mapas semánticos.

Las tablas pueden ayudarnos a evidenciar las diferencias y similitudes semánticas entre un grupo de ítems léxicos, como en el ejemplo siguiente.

Tabla 6.1 – Diferencias y similitudes entre las ítems *cantar* y *canturrear*

	Cantar	Canturrear
Formar sonidos melodiosos con la voz.	+	+
Expresar sonidos melodiosos con voz baja y generalmente descuidada.		+

Fuente: Adaptado de Santamaría Pérez, 2006, p. 51.

También es posible aprender las combinaciones sintagmáticas de palabras por medio de tablas.

Tabla 6.2 – Posibilidades de combinaciones sintagmáticas

Volver	Salir	Llorar	Bailar	Comer	
+	+	+	+	+	rápidamente
+	+	+			tardíamente
		+			profundamente
+	+				bien
		+			amargamente

Fuente: Adaptado de Santamaría Pérez, 2006, p. 51.

Tabla 6.3 – Combinaciones sintagmáticas con los ítems léxicos *tomar* y *coger*

Tomar	Coger	
+		un té
+		el sol
	+	frío
+		el pelo
+		al pie de la letra
+		un jarabe
	+	el teléfono
	+	un bolígrafo

Fuente: Adaptado de Santamaría Pérez, 2006, p. 51.

Otra posibilidad de uso de tablas es para ejemplificar los diferentes matices que adquiere una palabra al combinarse con otras.

Tabla 6.4 – Matices de la palabra *maduro/a*

	Fruta	Persona	Decisión	Idea
Maduro/a	No verde	En edad adulta; bien preparada	Juiciosa; prudente	Muy pensada y elaborada

Las escalas permiten presentar significados relacionados que pueden ordenarse siguiendo una gradación. Por ejemplo, los marcadores de frecuencia siguen un orden que va desde **siempre** (100%) hasta **nunca** (0%).

Cuadro 6.1 – Escala de frecuencia

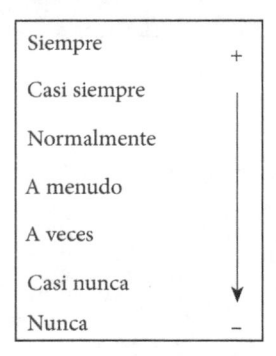

Siempre	+
Casi siempre	
Normalmente	
A menudo	
A veces	
Casi nunca	
Nunca	–

Se puede utilizar las escalas para explicar relaciones como las de: cantidad (*demasiado, mucho, bastante, poco, nada*); temperatura (*caliente, tibio, frío, helado*); sensaciones (*me encanta, me gusta, no me gusta, odio,...*); etc.

Los **mapas semánticos**, además de que los aprendices pueden usarlos para revisar el vocabulario, como comentábamos en el capítulo anterior, también sirven para introducir nuevas unidades léxicas. Tales mapas se forman por ítems agrupados por temas (*comidas, casa, fiestas*, etc.) y abarcan categorías como sustantivos, adjetivos, verbos y expresiones idiomáticas.

El tema elegido va en una caja en el centro, después se va añadiendo nuevos subtemas relacionados con el tema central. Scrivener (2005, p. 245) comenta que ese modo de tomar nota de los ítems léxicos puede reflejar más fielmente la forma como almacenamos las redes de ítems léxicos en nuestra mente y, por lo tanto, sería más útil a los aprendices que las tradicionales listas. Tomemos, como ejemplo, en la Figura 6.1, la unidad léxica *fiesta de cumpleaños*:

Figura 6.1 – Esquema: mapa semántico de la unidad léxica *fiesta de cumpleaños*.

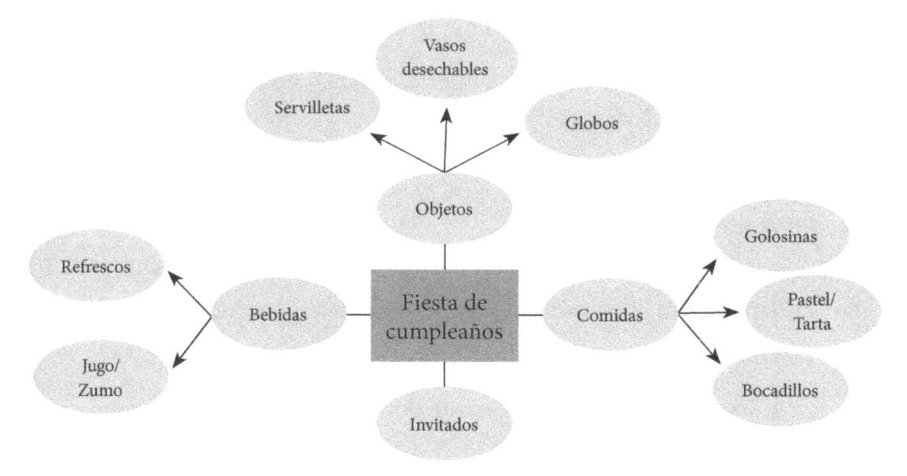

```
                    Vasos
                  desechables
       Servilletas     ↑
                       |         Globos
           ←———————————————————→
                    Objetos
                       |
  Refrescos                              Golosinas
      ↑                                      ↑
      |                 Fiesta de            |
      ← Bebidas ←———→              ←———→ Comidas ←———→ Pastel/Tarta
      |                 cumpleaños           |
      ↓                                      ↓
  Jugo/                                   Bocadillos
  Zumo
                       |
                    Invitados
```

Considerando que la calidad de la información presentada es más importante que la cantidad, en el caso de los mapas semánticos, es preferible que el profesor parta de un número pequeño de ítems relacionados a un tema, los cuales podrán ser ampliados a continuación con la colaboración de los alumnos.

Observe que sería posible ampliar el esquema anterior y trabajar los colores de los globos (*globos azules, rojos, amarillos*, etc.). También se podría presentar, gradualmente, algunas colocaciones asociadas a las comidas y bebidas (*pastel de chocolate, pastel de vainilla, pastel de queso, receta de pastel, bocadillo de queso, bocadillo de jamón, jugo de naranja, jugo de fresas*, etc.). Se podría, incluso, explotar la relación de invitados, haciendo la distinción entre parientes (*abuelos, padres, tíos,...*) y no parientes (*vecinos, amigos, colegas de clase,...*).

Es muy importante que los alumnos se sientan involucrados y participen activamente en la descubierta de las nuevas palabras y significados, pero, ¿cómo se puede motivarlos a participar en la construcción y/o ampliación de una red asociativa como la anterior? Veamos algunas sugerencias.

A partir del tema *fiesta de cumpleaños*, los aprendices podrían trabajar en pequeños grupos y, con la ayuda de un diccionario, crear sus propios mapas.

Otra posibilidad es, a partir del mapa construido colectivamente, ampliar uno de los subtemas, en ese caso, los grupos podrían buscar en el diccionario el nombre de algunas golosinas en español y hacer asociaciones.

El trabajo con los ingredientes que lleva un pastel es otra sugerencia para ampliar la red asociativa, a partir de una receta de pastel (facilitada por el profesor), los estudiantes podrían descubrir nuevos ítems léxicos (como: *la leche, los huevos, la harina, la mantequilla,...*) y añadirlos al mapa.

Vale recordar que el trabajo con el vocabulario debe estar insertado en una unidad didáctica, o sea, no debe ocurrir de forma aislada. Así, un tema como *fiesta de cumpleaños* podría formar parte de un tema más general, como, por ejemplo, *fiestas* o *costumbres*.

El diccionario es un recurso valioso para las actividades de presentación y descubierta de unidades léxicas, pues, si es bien manejado, favorece el desarrollo de la autonomía del alumno en su aprendizaje. Por eso, en los niveles iniciales, conviene que el profesor prepare actividades especialmente orientadas al conocimiento de la estructura del diccionario (como ordenar las palabras alfabéticamente y buscar el lema de ciertas unidades léxicas) y de cómo las informaciones (acepciones, combinaciones y expresiones idiomáticas) están organizadas.

Para poner un ejemplo, es común que los aprendices al encontrarse con formas verbales desconocidas recurran al diccionario. Pero, como los verbos aparecen en los diccionarios en sus formas infinitivas (como *andar*), el aprendiz inexperto no tendrá éxito al buscar las formas flexionadas, como *anduve, anduvo, andaré*, etc.

Buscamos ejemplificar algunos de los recursos que el profesor puede utilizar en la presentación de las unidades léxicas, pero quisiéramos hacer hincapié en lo comentado en el capítulo anterior, ya que la idea no es imponer nuestra forma de sistematizar el vocabulario a los aprendices, sino mostrarles las posibilidades y darles sugerencias de cómo pueden organizar el vocabulario que van aprendiendo (por temas, por situaciones, por similitudes, por escalas, mapas semánticos, etc.).

6.5 La práctica del vocabulario

Tras la presentación del vocabulario, los estudiantes necesitarán otras oportunidades para familiarizarse con las nuevas unidades, bien como practicarlas de forma productiva. Así, además de las imprescindibles actividades comunicativas que requieren el uso de los ítems léxicos estudiados y del uso de esos ítems en tareas escritas, hay una variedad de actividades que posibilitan la práctica del vocabulario. Pero, antes de pasar a las sugerencias de actividades que el profesor puede elaborar para sus clases, conviene hacer algunas consideraciones:

> Algunas actividades de presentación de vocabulario también sirven para la práctica y la revisión, o viceversa.

> Las propuestas de práctica son muy flexibles y se las puede realizar en cualquier estadio de aprendizaje, pero siempre teniendo el cuidado de adaptarlas al grado de madurez de los alumnos y al contenido léxico de cada nivel.

Además, hay tres premisas a considerarse (Gómez Molina, 2004b, p. 805):

a. el predominio de tareas que necesiten comunicación (parejas, equipos);

b. las actividades enfocadas hacia el desarrollo del contenido nocional (relaciones asociativas, mapas mentales) deben complementarse con otras focalizadas sobre procesos funcionales y textuales (combinaciones sintagmáticas); y

c. en los niveles iniciales, mayor énfasis en el significado contextualizado y en la adecuación funcional que en la corrección lingüística y en el significado codificado, o sea, tal como aparece en el diccionario.

Tomando como referencia Alonso (1994, p. 66-68), Scrivener (2005, p. 236-237) y Gómez Molina (2004b, p. 805-807), buscaremos, a continuación, ofrecer una visión general de las principales formas de practicar el vocabulario en la clase de ELE.

1. Relacionar ítems léxicos con imágenes (individualmente o en parejas):

Relaciona cada palabra con la imagen que corresponda:

a. El bocadillo ( )

b. El huevo ( )

c. El helado ( )

d. La fresa/la frutilla ( )

e. La sandía ( )

f. La zanahoria ( )

g. Las palomitas ( )

2. Asociar los ítems léxicos con las definiciones y conceptos. Veamos, por ejemplo, como se podría practicar algunos falsos cognados que normalmente confunden a los aprendices brasileños (individualmente o en parejas).

Relaciona las palabras con sus definiciones:

a. Brincar ( ) Unir una cosa a otra con alguna substancia adherente.

b. Jugar ( ) Conseguir lo que se quiere.

c. Colar ( ) Hacer algo para entretenerse o divertirse.

d. Pegar ( ) Dar saltos de alegria.

e. Lograr ( ) Pasar un líquido por un colador para aclararlo.

3. Facilitar las unidades que serán practicadas para que los alumnos, en pequeños equipos, busquen en un diccionario monolingüe las definiciones correspondientes. ¡Seguimos con los falsos cognados o falsos amigos!

¿Te arriesgas a definir las palabras siguientes?

a. El escritorio.

b. La oficina.

c. Un sitio.

d. El aula.

e. El taller.

4. Escribir las palabras que correspondan a las definiciones dadas (individualmente o en equipos).

> ¿Vamos a practicar los falsos amigos? ¿A qué palabras corresponden las definiciones siguientes?
> » Perro de poco tiempo; cría de algunos mamíferos.
> » Fila de personas que esperan su turno.
> » Persona que tiene más habilidad con la mano o con la pierna izquierda.
> » Espacio de tiempo más o menos corto.
> » Mamífero roedor de pelaje gris, muy fecundo y ágil, que vive generalmente en las casas o en el campo.

5. Actividad de elección múltiple (individual).

    Ejemplo:

    > Compramos revistas y periódicos en:
    > a. La carnicería.
    > b. El taller.
    > c. El kiosco.
    > d. La oficina.

6. Completar espacios vacíos en oraciones o textos. En esta clase de actividad, omitimos las palabras que queremos revisar y los aprendices completan los espacios (trabajo individual). El profesor puede darles las palabras desordenadas o dejar que ellos intenten buscarlas solos.

Veamos un ejemplo:

*salsa – salada – cenas – ensalada –
perejil – exquisita*

a. ¿Prefieres la comida _____ o la dulce?
b. ¿Por qué a los niños no les gusta la _____ de lechuga?
c. Siempre hago espaguetis con _____ de tomate y _____, pues es una receta muy fácil.
d. Hemos conocido el nuevo restaurante mexicano, la comida es _____ y los precios muy accesibles.
e. La sopa de legumbres es perfecta para las _____ en invierno.

7. Se facilitan varias palabras para que los alumnos las usen en un contexto para realizar una tarea específica (parejas).

Teniendo en cuenta los tipos de conversaciones que se suele tener en una oficina, escribe un pequeño diálogo (*n* líneas) entre el director de una empresa y su secretaria. Utiliza las palabras y combinaciones siguientes. Después preséntalo a la clase.

*viernes – fijar una cita – oficina – hacer una llamada –
negocios – por la mañana*

8. Actividades para clasificar las unidades léxicas en diferentes conjuntos según: las asociaciones semánticas/conceptuales (ejemplo: se puede agrupar el tema *trabajo* por *profesiones, acciones, lugares,* etc.) y funcionales (agrupar por categorías gramaticales como verbos, sustantivos, adjetivos, etc., o por el valor pragmática-discursivo, relacionado

al uso – como las expresiones propias de determinadas situaciones). Esa clase de actividad puede ser utilizada para presentar, practicar y revisar el vocabulario y, normalmente, ocurre mediante mapas mentales, descubierta del intruso en una serie de elementos o práctica por categorías (como en el juego *stop*). Como ya hemos ejemplificado los mapas semánticos en otros momentos, a continuación, presentamos modelos de los dos últimos tipos de actividad (individual):

a) ¿Puedes descubrir el intruso de estas series?

   a. *la peluquera – el periodista – el sillón – la dependienta – el sastre*

   b. *la olla – la sartén – la ola – el fregadero – la tetera*

   c. *gritar – dormitar – hablar – murmurar – susurrar*

   d. *majo – guapa – chulo – albañil – mona*

   e. *el pantalón – la falda – el abrigo – la bufanda – el cartel*

b) Escribe una palabra para cada categoría. Empecemos con la letra *A*. El primero que termine dice *STOP*. Cada palabra vale diez puntos, pero, si está repetida con la de un compañero/grupo, sólo vale cinco.

Nombre	Alimento	Profesión	Fruta	Animales
Andrés	aceituna	azafata	aguacate	águila

Esa última actividad, en la que los alumnos pueden trabajar individualmente o en pequeños equipos, tiene carácter lúdico y sirve principalmente para practicar y revisar el vocabulario presentado anteriormente. ¡Con eso llegamos a los juegos!

6.5.1 Jugando con las palabras

Se puede usar los juegos léxicos como actividades de práctica integrada, es decir, con la participación de todos, o de práctica individual – como es el caso de los crucigramas, sopas de letras, letras desordenadas (*csale; seutnaidet; broli > clase; estudiante; libro*) y frases sin vocales (*j_ _ g_ c_n l_s p_l_br_s > juego con las palabras*). Esos últimos son los más conocidos y pueden ser ofrecidos como práctica extra, para hacer en casa, o cuando hay algún tiempo libre al final de las clases.

Siempre hay también aquellos alumnos que terminan las actividades mucho antes de los demás. En esos casos, los juegos son una opción para mantenerlos ocupados y aprendiendo, mientras esperan la actividad siguiente. Veamos, a continuación, algunos de los juegos de práctica colectiva que nos parecen particularmente interesantes[5].

6.5.1.1 ¡Adivina la palabra!

___
5 Juegos sugeridos por Scrivener (2005).

En ese juego, se divide la clase en dos equipos. Un equipo elige un miembro para sentarse frente al grupo, de espaldas a la pizarra, mirando a los demás compañeros. El profesor escribe una palabra en la pizarra, preferentemente alguna que se haya estudiado recientemente. El equipo del estudiante que está de espalda a la pizarra tiene que definir la palabra o dar ejemplos de su uso, sin decir qué palabra es. En cuanto el alumno la adivine, el profesor escribe otra y así sucesivamente hasta que se acabe el tiempo (unos tres minutos). Al final, gana el equipo que haya adivinado más palabras. Los estudiantes pueden dar pistas como: rimas, combinaciones, sinónimos, antónimos, etc. Esa actividad es ideal para revisar y consolidar el léxico estudiado, siendo indicada para los niveles inicial e intermedio.

6.5.1.2 Inventando una historia

El juego consiste en dictar alrededor de veinte unidades léxicas para que los estudiantes las escriban. Su tarea será trabajar en pequeños grupos y construir (oralmente o por escrito) una historia que abarque todas las unidades, precisamente en la forma dictada y en el mismo orden. Al final del tiempo acordado, cada grupo cuenta su historia. ¡Es probable que produzcan versiones muy diferentes!

6.5.1.3 Cadena de palabras

El profesor elige un tema que ya haya sido trabajado en clase (ropas, alimentación, casa, etc.). Un estudiante empieza diciendo una palabra relacionada con el tema elegido. El estudiante siguiente tiene que decir otra palabra que empiece con la última letra de la palabra anterior. Si la palabra no tiene relación con el tema especificado, o la primera letra está incorrecta, el alumno sale del juego. No se puede repetir ninguna palabra. Si no se encuentra ninguna palabra en el tiempo acordado, se empieza otra vez el juego con una nueva palabra y nuevo jugador. Tomemos como ejemplo el tema *los objetos de la casa*:

silla – alfombra – armario – olla – aspiradora, etc.

Los ejemplos anteriores son tan sólo una pequeña muestra de los recursos que el profesor puede utilizar al trabajar el léxico en el aula. No hay dudas de que hay muchas otras posibilidades para practicar y revisar el léxico que se está aprendiendo en la lengua extranjera, sin embargo, optamos por presentar aquellas actividades que nos parecieron más productivas, divertidas y motivadoras para los aprendices. En las Indicaciones Culturales, al final del capítulo, sugerimos varios sitios en los que el profesor encontrará otras ideas de actividades para la práctica del vocabulario.

6.6 Algunas consideraciones

Quisiéramos finalizar este capítulo con una reflexión sobre la necesidad de revisión del vocabulario trabajado en el aula. Aunque a lo largo de este libro hemos comentado más de una vez sobre la importancia de la **frecuencia**, creemos que no está demasiado hacer hincapié en esa cuestión.

Lightbown y Spada (2007) comentan que la frecuencia con que una nueva palabra es vista, oída y entendida está entre los factores que influencian su adquisición. Así, cuanto más frecuente es una palabra en la lengua, más fácilmente será adquirida. Según esas autoras, estudios sugieren que un aprendiz necesita tener alrededor de 16 encuentros significativos con una nueva palabra antes que ella se establezca definitivamente en su memoria. Incluso puede ser necesario más contacto con la palabra antes que el aprendiz pueda usarla en un habla fluente o entender automáticamente su significado al encontrarla en un nuevo contexto (Lightbown; Spada, 2007, p. 98).

Debido a las similitudes entre el portugués y el español, el profesor puede fácilmente equivocarse al creer que el vocabulario visto en una clase específica está automáticamente adquirido por el aprendiz y que, por lo tanto, no precisa ser revisto o retomado en otros momentos.

Teniendo en cuenta esas consideraciones, se justifica reservar partes de las clases, o incluso clases completas, para practicar y revisar el vocabulario presentado anteriormente, no representando eso ningún tipo pecado, o pérdida de tiempo. ¡No nos olvidemos que la revisión es uno de los principios facilitadores del almacenamiento léxico!

Síntesis

En este capítulo, buscamos levantar las principales cuestiones sobre: cuándo enseñar el vocabulario; los criterios a considerarse en el momento de decidir qué unidades léxicas enseñar; y las diferentes formas de acercarse al vocabulario en el aula. En cuanto a cómo trabajar el vocabulario, seguimos la orientación que nos ha parecido más productiva y que acaba por englobar las diferentes fases de la enseñanza y del aprendizaje léxico: el antes (actividades previas), el durante (presentación) y el después (práctica y revisión).

Indicación didáctica

CENTRO VIRTUAL CERVANTES. Disponible en: <http://cvc.cervantes.es/ensenanza/mimundo/default.htm>. Accedido el: 25 jun. 2012.

Material interactivo destinado a la enseñanza de vocabulario a niños.

PROYECTO SHEREZADE. Disponible en: <http://home.cc.umanitoba.ca/~fernand4/index.html>. Accedido el: 25 jun. 2012.

Cuentos para leer y escuchar y también ejercicios de comprensión y práctica de vocabulario.

VER-TAAL **Ejercicios de vocabulário**. Disponible en: <http://www.ver-taal.com/vocabulario.htm>. Accedido el: 25 jun. 2012.

Vocabulario temático, juegos y expresiones idiomáticas.

IH BARCELONA. **Formación ELE**. Disponible en: <http://blogs.ihes.com/formacion-ele/?cat=20>. Accedido el: 25 jun. 2012.

Más actividades e ideas de juegos para practicar el vocabulario.

Actividades de autoevaluación

1. Considerando los criterios de selección del vocabulario que debe enseñarse y aprenderse, señale las afirmaciones siguientes como verdaderas (V) o falsas (F):

    ( ) Las áreas y subáreas establecidas por el Consejo de Europa (2002) para la selección del vocabulario que debe trabajarse abarcan el ámbito personal, público, profesional y educativo.

    ( ) Una de las ventajas de las listas de frecuencia es que ellas no necesitan ser continuamente actualizadas.

    ( ) Una de las limitaciones de las listas de frecuencia es que las palabras más frecuentes son aquellas que no poseen significado propio, como las preposiciones y los artículos.

    ( ) Se recomienda la selección del vocabulario por áreas temáticas sólo para los niveles más avanzados.

a. F, F, V, V.
b. V, V, F, F.
c. F, V, F, V.
d. V, F, V, F.

2. En cuanto a las actividades previas, indique si las afirmaciones abajo son verdaderas (V) o falsas (F):

   ( ) Son actividades que sirven para activar el vocabulario que el alumno ya conoce y también permiten que el profesor tenga una idea del nivel de conocimiento léxico de los aprendices.

   ( ) Ese tipo de actividad incluye buscar el significado de palabras en el diccionario y completar frases usando las palabras de una lista.

   ( ) El uso de sinónimos, antónimos y explicaciones contextualizadas son ejemplos de actividades previas.

   ( ) El principal objetivo de las actividades previas es discutir un tema específico a partir de una lista de palabras.

   a. F, F, V, V.
   b. V, V, F, F.
   c. F, V, F, V.
   d. V, F, V, F.

3. Teniendo en cuenta las diferentes fases de la enseñanza y del aprendizaje del vocabulario, indique si las afirmaciones abajo son verdaderas (V) o falsas (F):

   ( ) No se recomienda el uso del diccionario en las actividades de presentación y descubierta de unidades léxicas, por eso no hay necesidad de preparar al alumno para el manejo de tal recurso.

( ) Se puede emplear los mapas semánticos para presentar unidades léxicas y también para revisar las unidades ya trabajadas.

( ) La elección de la técnica de presentación que se va a utilizar independe de la naturaleza de los ítems léxicos que se pretende presentar.

( ) La adecuada presentación de las unidades léxicas, utilizándose técnicas variadas, posibilita que el alumno establezca relaciones formales y también semánticas entre las unidades trabajadas y contribuye para que él organice sus apuntes de forma más eficiente.

a. F, F, V, V.
b. V, V, F, F.
c. F, V, F, V.
d. V, F, V, F.

4. Al planear sus clases, el profesor necesitará decidir cuánto tiempo reservar para el trabajo con el vocabulario y cuándo hacerlo. A partir de esas consideraciones, indique la opción **incorrecta**:

a. Se puede tratar el vocabulario como objeto de la clase, explotándose las unidades léxicas relacionadas con un campo semántico específico.

b. El trabajo con el vocabulario puede ocurrir antes de actividades: de comprensión escrita o auditiva; de expresión escrita u oral; y siempre que sea necesario para la realización de cualquier actividad.

c. En una visión actual, el vocabulario no requiere un tratamiento específico, pues se lo aprende de forma indirecta, a partir de la realización de actividades con diferentes objetivos (interpretar un texto, practicar ciertas estructuras gramaticales, etc.).

d. Se puede trabajar el vocabulario después de actividades de comprensión oral o escrita.

5. Tras analizar la propuesta de actividad siguiente, y considerando lo expuesto en este capítulo, señale la opción correcta:

> » Completa los espacios de las frases abajo usando las siguientes palabras: *pizarra, papelera, bolígrafo, tiza, goma, carpeta* y *aula*.
>
> 1. En mi _____ hay una _____, pero muchas personas siguen tirando la basura al suelo.
> 2. La profesora escribe en la _____ con una _____ amarilla.
> 3. En las pruebas tengo que escribir con un _____ azul o negro.
> 4. Tengo una _____ roja donde guardo todas mis actividades de vocabulario.
> 5. Cuando me equivoco en mis apuntes, uso una _____ para borrarlos.

a. Se indica ese tipo de actividad sólo para la presentación del vocabulario nuevo.

b. Es una actividad ideal para la presentación y revisión del vocabulario.

c. Ese tipo de actividad sólo se debe usar para revisar los ítems léxicos ya trabajados.

d. Se puede usar actividades como esa tanto en las actividades previas como para practicar el vocabulario ya presentado.

Actividades de aprendizaje
Cuestión para reflexión

Analice las agrupaciones de palabras abajo. ¿Qué palabra de cada conjunto sería más productiva para un grupo de principiantes en sus primeros días de clase? Justifique su respuesta.

a. ropas, calzoncillos, guantes, suéter.

b. medicinas, jarabe, pastillas, analgésicos.

c. ir de copas, andar, ir, correr.

Palabras finales

El proceso de escribir un libro implica siempre muchas decisiones y elecciones. Por eso, estimado(a) lector(a), esperamos que los caminos recorridos en este libro le hayan sido placenteros y, principalmente, le hayan aportado algunos nuevos conocimientos.

Si usted ya es profesor(a) de español, deseamos que este material le posibilite ver el trabajo con la gramática y el vocabulario desde nuevas perspectivas y que contribuya para el perfeccionamiento de algunos de sus procedimientos de enseñanza. Por otra parte, si usted está preparándose para ser un(a) profesor(a) de lengua española, esperamos que los temas presentados le sean útiles cuando se enfrente con la realidad del aula y necesite tomar decisiones sobre **qué**, **cuándo** y **cómo enseñar**.

La comprensión de las diferentes concepciones de gramática, la consciencia de las dificultades específicas de los alumnos brasileños y el conocimiento del papel de la gramática y del vocabulario en la enseñanza de lengua española en la actualidad le ayudarán a prepararse mejor para sus clases y a hacer sus elecciones de forma más consciente y también con más seguridad.

Por supuesto que aprender una lengua extranjera implica mucho más que el dominio de su gramática y su vocabulario, pero, como hemos tratado de demostrar a lo largo de este libro, el conocimiento de esos dos componentes también es importante para que el aprendiz pueda desarrollar su competencia comunicativa en la lengua española.

Glosario

Alófonos: Sonido propio de la pronunciación de un fonema que puede variar según la posición en la sílaba o en la palabra con relación a los sonidos vecinos.

Chomskiano: Relativo al lingüista estadounidense Noam Chomsky.

Combinaciones sintagmáticas: Combinaciones entre palabras que ocurren frecuentemente juntas.

Etnolingüista: Persona que estudia la lengua de una sociedad desde el punto de vista etnográfico, es decir, considerando aspectos como la raza y la cultura.

Falsos cognados: Son palabras que tienen formas parecidas o idénticas, pero presentan significados diferentes en cada lengua. Por ejemplo, en español el adjetivo exquisito *significa* sabroso, primoroso *(Ejemplo:* La paella estaba exquisita, *todos la elogiaron); en portugués*, esquisito *significa* extraño *(Ejemplo:* José estava esquisito na reunião, não falou com ninguém).

Fonemas: Son unidades sonoras que permiten diferenciar palabras en una lengua. Por ejemplo, en las palabras casa *y* caza, *en español, los fonemas* /s/ y /z/ *indican que son palabras diferentes.*

Fosilización: En el aprendizaje de una LE, es el proceso por el cual ciertos errores se hacen permanentes en el habla de una persona.

Generativismo: Corriente lingüística que tiene inicio con las teorizaciones del lingüista Noam Chomsky.

Lema: Entrada de un diccionario o enciclopedia.

Lengua meta: Es la lengua que se pretende aprender, diferente de la lengua materna.

Lengua materna: Es la primera lengua que aprendemos al hablar, suele ser nuestra lengua afectiva, aquella que usamos en casa y con las personas cercanas.

Palabra cognada: Como su nombre indica, son palabras de lenguas diferentes que tienen un origen común. Son semejantes o idénticas tanto en la forma como en el significado (libro > livro; engañar > enganar; correr > correr, etc.).

Significado connotativo: Son los diferentes valores (no denotativos) que una determinada palabra puede adquirir en el discurso (la palabra frío, por ejemplo, cuando se refiere a una persona, puede tener un valor connotativo de indiferente o sin afecto. Ejemplo: Eres una persona muy fría y sólo sabes jugar con los sentimientos de las personas).

Significado denotativo: Es el significado conceptual básico de una palabra, como aparece definido en los diccionarios. Ejemplos: la palabra frío denota una temperatura inferior al considerado normal; cuchillo denota un objeto para cortar, formado por una hoja de metal de un solo corte y con mango.

Sintagma nominal: Constituyente frasal mínimo compuesto por un núcleo sustantivo obligatorio y modificado por determinantes y adjetivos.

Referencias

ABIO, G.; BARANDELA, A. M. La música en la clase de E/LE. In: SEMINARIO DE DIFICULTADES ESPECÍFICAS DE LA ENSEÑANZA DEL ESPAÑOL A LUSOHABLANTES, 8., 2000, São Paulo. **Actas**... Brasilia: Embajada de España en Brasil/Cansejería de Educación y Ciencia/Ministério de Educación, Cultura e Desporte de España, 2000 p 245-261

ALLENDE, I. **Cuentos de Eva Luna**. Barcelona: Plaza Janes S/A, 1996.

ALONSO, E. **¿Cómo ser profesor/a y querer seguir siéndolo?** Madrid: Edelsa, 1994.

AMORIM, V.; MAGALHÃES, V. **Cem aulas sem tédio**: sugestões práticas, dinâmicas e divertidas para o professor de língua estrangeira. 9. ed. Porto Alegre: Instituto Padre Reus, 2003.

ANDRADE NETA, N. F. Aprender español es fácil porque hablo portugués: ventajas y desventajas de los brasileños para aprender español. **Cuadernos Cervantes de la Lengua Española**, v. 29,

p. 46-56, 2000. Disponible en: <http://www.cuadernoscervantes.com/lc_portugues.html>. Accedido el: 22 jun. 2012.

AULA DIEZ. Disponible en: <http://www.auladiez.com/ejercicios>. Accedido el: 21 jul. 2012.

AULAHISPÁNICA. Disponible en: <http://www.aulahispanica.com/espanol/expresiones/idiomaticas>. Accedido el: 22 jun. 2012.

BACHMAN, L. **Fundamental Considerations in Language Teaching**. Oxford: Oxford University Press, 1990.

BECHARA, S. F.; MOURE, W. G. **¡Ojo! con los falsos amigos!**: dicionário de falsos cognatos em espanhol e português. São Paulo: Moderna, 1998.

BOURGUIGNON, E. de A. **Enseñanza/aprendizaje del español lengua extranjera en Brasil**: aproximación a la realidad del centro de lenguas de la Universidad Federal de Vitória Espírito Santo. 402 f. Tesis (Doctoral en Ciencias de la Educación) – Universidad de Granada, Granada, 2007. Disponible en: <http://hera.ugr.es/tesisugr/16609773.pdf>. Accedido el: 22 jun. 2012.

BRUNO, F. C.; MENDOZA, M. A. **Hacia el español**: Curso de lengua y cultura hispánica – nivel básico. 5. ed. São Paulo: Saraiva, 2002.

BYBEE, J. **Morphology**: a Study of the Relation Between Meaning and Form. Philadelphia: John Benjamins, 1985.

_____. Regular Morphology and the Lexicon. **Language and Cognitive Processes**, Cambridge, v. 10, n. 5, p. 425-455, 1995.

CANALE, M. De la competencia comunicativa a la pedagogía comunicativa del lenguaje. In: LLOBERA, M. et al. **Competencia comunicativa**: documentos básicos en la enseñanza de lenguas extranjeras. Madrid: Edelsa, 1995. p. 63-83.

CANALE, M.; SWAIN, M. Theoretical Bases of Communicative Approaches to Second Language Teaching and Testing. **Applied Linguistics**, v. 1, n. 1, 1980. Disponible en: <https://segue.atlas.uiuc.edu/uploads/nppm/CanaleSwain.80.pdf>. Accedido el: 25 jun. 2012.

CELCE-MURCIA, M., DÖRNEY, Z.; THURRELL, S. Communicative Competence: a Pedagogically Motivated Model with Content Specifications. **Issues in Applied Linguistics**, California, v. 6, n. 2, p. 5-35, 1995. Disponibel en: <http://www.archive.org/stream/issuesinappliedl6no2univ/issuesinappliedl6no2univ_djvu.txt>. Accedido el: 25 jun. 2012.

CENTRO VIRTUAL CERVANTES. Disponible en: <http://cvc.cervantes.es/ensenanza/mimundo/default.htm>. Accedido el: 25 jun. 2012.

CHOMSKY, N. **Syntactic Structures**. The Hague: Mouton, 1957.

CLAVE. **Diccionario de uso del español actual**. 3. ed. Madrid: SM, 1999.

CONSEJO DE EUROPA. **Marco común europeo de referencia para las lenguas**: aprendizaje, enseñanza, evaluación. Madrid: Instituto Cervantes; Ministerio de Educación Cultura y Deporte; Anaya, 2002. Disponible en: <http://cvc.cervantes.es/ensenanza/biblioteca_ele/marco/cvc_mer.pdf>. Accedido el: 21 jun. 2012.

COTTERALL, S.; REINDERS, H. **Estratégias de estudo**: guia para professores. São Paulo: SBS, 2005.

DE LA PEÑA PORTERO, A. Propuestas metodológicas para enseñar expresiones idiomáticas. **RedELe**, Madrid, n. 3, 2005. Disponible en: <http://www.mepsyd.es/redele/biblioteca2005/delapena.shtml>. Accedido el: 2 jul. 2010.

DEMONTE, V. La esquiva norma del español: sus fusiones y relaciones con la variación y el estándar. In: SIMPOSIO VARIACIÓN Y PRESCRICIÓN. Instituto da Lingua galega/ Universidade de Santiago de Compostela, 2003. Disponible en: <www.uam.es/personal_pdi/filoyletras/vdemonte/norma.pdf>. Accedido el: 21 jun. 2012.

DIAS, L. S.; GOMES, M. L. de C. **Estudos lingüísticos**: dos problemas estruturais aos novos campos de pesquisa. Curitiba: Ibpex, 2008.

DURÃO, A. B. de A. B. **Análisis de errores e interlengua de brasileños aprendices de español y de españoles aprendices de portugués**. Londrina: Eduel, 1999.

FERNÁNDEZ, S. **Interlengua y análisis de errores en el aprendizaje del español como lengua extranjera**. Madrid: Edelsa, 1997.

FORMESPA – Formación de Profesorado de Español Como Lengua Extranjera. Disponible en: <http://formespa.rediris.es/canciones/index.html>. Accedido el: 21 jul. 2012.

FUNDÉUBBVA – Fundación del Español Urgente. **Recomendaciones y dudas**: diccionario de dudas del español. Disponible en: <http://www.fundeu.es/dudas>. Accedido el: 22 jun. 2012.

GIOVANNINI, A. et al. **Profesor en acción 1**: el proceso de aprendizaje. Madrid: Edelsa, 1996a.

_____. **Profesor en acción 2**: áreas de trabajo. Madrid: Edelsa, 1996b.

GÓMEZ MOLINA, J. R. La subcompetencia léxico-semántica. In: SÁNCHEZ LOBATO, J.; SANTOS GARGALLO, I. (Ed.). **Vademécum para la formación de profesores**. Madrid: S.G.E.L, 2004a. p. 491-510.

GÓMEZ MOLINA, J. R. Los contenidos léxico-semánticos. In: SÁNCHEZ LOBATO, J.; SANTOS GARGALLO, I. (Ed.). **Vademécum para la formación de profesores**. Madrid: S.G.E.L, 2004b. p. 789-810.

GÓMEZ TORREGO, L. **Gramática didáctica del español**. 7. ed. Madrid: SM, 2000.

GUTIÉRREZ ARAUS, M. L. **Formas temporales del pasado en indicativo**. 2. ed. Madrid: Arco Libros, 1997.

HERNÁNDEZ MERCEDEZ, P. **Cantando se entiende la gente**. 2005. Disponible en: <http://www.educacion.gob.es/dctm/redele/Material-RedEle/Numeros%20Especiales/2005_ESP_04_IencuentroELE/2005_ESP_04_02Leal.pdf?documentId=0901e72b80e4cdc5>. Accedido el: 25 jul. 2011.

HUBACK, A. P. da S. **Efeito de freqüência nas representações mentais**. Belo Horizonte, 2007. 318 f. Tese (Doutorado em Linguística) – Universidade Federal de Minas Gerais, Belo Horizonte, 2007. Disponible en: <http://www.bibliotecadigital.ufmg.br/dspace/bitstream/1843/ALDR-6ZWQJS/1/ana_paula_huback_tese.pdf>. Accedido el: 21 jun. 2012.

HYMES, D. H. Acerca de la competencia comunicativa. 1972. In: LLOBERA, M. et al. **Competencia comunicativa**: documentos básicos en la enseñanza de lenguas extranjeras. Madrid: Edelsa, 1995, p. 27-47.

IH BARCELONA. **Formación ELE**. Disponible en: <http://blogs.ihes.com/formacion-ele/?cat=20>. Accedido el: 25 jun. 2012.

IH MADRID – International House Madrid. Disponible en: <http://www.ihmadrid.es>. Accedido el: 21 jul. 2012.

KRASHEN, S. D. **Second Language Acquisition and Second Language Learning**. Prentice-Hall International, 1988.

LAUFER, B. Possible Changes Towards Vocabulary Acquisition Research. **International Review of Applied Linguistics**, v. 24, n. 1, p. 69-75, 1986.

LEWIS, M. **The Lexical Approach**: the State of ELT and the Way Forward. Hove: Language Teaching Publications, 1993.

LIGHTBOWN, P. M.; SPADA, N. **How Languages are Learned**. 3. ed. Oxford: Oxford University Press, 2007.

MAIGUASHCA, R. U. Teaching and Learning Vocabulary in a Second Language: Past, Present, and Future Directions. **The Canadian Modern Language Review**, v. 50, n. 1, p. 83-100, Oct. 1993.

MARCOELE – Revista de Didáctica Español Como Lengua Extranjera. **Actividades**: canciones. Disponible en: <http://marcoele.com/actividades/canciones>. Accedido el: 21 jul. 2012.

MATTE BON, F. **Gramática comunicativa del español**: de la lengua a la idea. Madrid: Edelsa, 2000. Tomo 1.

MCCARTHY, M. A New Look at Vocabulary in EFL. **Applied Linguistics**, v. 5, n. 1, p. 12-22, 1984.

MEARA, P. Vocabulary Acquisition: a Neglected Aspect of Language Learning (Survey Article). **Language Teaching and Linguistics**, v. 13, n. 4, p. 221-246, 1980.

MENDONÇA, M. C. Língua e ensino: política de fechamento. In: MUSSALIM, F.; BENTES, A. C. (Org.). **Introdução à linguística**: domínios e fronteiras. São Paulo: Cortez, 2001. p. 233-264. v. 2.

MERCER, S. Vocabulary Estrategy Work for Advanced Learners of English. **English Teaching Forum**, v. 43, n. 2, p. 24-35, 2005.

MILANI, E. M. **Gramática de espanhol para brasileiros**. São Paulo: Saraiva, 1999.

MORAS, S. Teaching Vocabulary to Advanced Students: a Lexical Approach. **Karen's Linguistics Issues**, July 2001. Disponible en:

<http://www3.telus.net/linguisticsissues/teachingvocabulary.html>. Accedido el: 1 jun. 2010.

MORENO GARCÍA, C. El componente lúdico y la creatividad en la enseñanza de la gramática. **Revista RedEle**: Revista Electrónica de Didáctica, n. 0, mar. 2004. Disponible en: <http://www.mec.es/redele/revista/moreno.shtml>. Accedido el: 2 fev. 2010.

MORENO GARCÍA, C.; ERES FERNÁNDEZ, G. M. **Gramática contrastiva del español para brasileños**. Madrid: SGEL, 2007.

MUÑOZ, C. **Aprender idiomas**. Buenos Aires: Paidós, 2002.

NICHOLLS, S. M. **Aspectos pedagógicos e metodológicos do ensino de inglês**. Maceió: Edufal, 2001.

ODLIN, T. Introduction. In: ODLIN, T. (Ed.). **Perspectives on Pedagogical Grammar**. Cambridge University Press, 1994.

O'MALLEY, J. M.; CHAMOT, A. U. **Learning Strategies in Second Language Acquisition**. Cambridge: Cambridge University Press, 1990.

ORTEGA OLIVARES, J. Gramática y atención a la forma en el aula de E/LE. **Cervantes**, n. 1, oct. 2001.

OXFORD, R. **Language Learning Strategies**. New York: Newbury House, 1990.

PIERREHUMBERT, J. Exemplar Dynamics: Word Frequency, Lenition and Contrast. In: BYBEE, J.; HOOPER, P. (Ed.). **Frequency and the Emergence of Linguistic Structure**. Amsterdam: J. Benjamins, 2001. p. 137-157.

PIETROFORTE, A. V. S.; LOPES, I. C. A semântica lexical. In: FIORIN, J. L. (Org.). **Introdução à linguística II**: princípios de análise. 3. ed. São Paulo: Contexto, 2004. p. 111-135.

PINKER, S. **Words and Rules**: the Ingredients of Language. New York: Perennial, 2000.

POPPLETON, C. Music to Our Ears. **American Language Review**, v. 5, n. 1, p. 23-26, 2001.

POSSENTI, Sírio. **Por que (não) ensinar gramática na escola**. Campinas: Mercado das Letras, 1996.

PROYECTO SHEREZADE. Disponible en: <http://home.cc.umanitoba.ca/~fernand4/index.html>. Accedido el: 25 jun. 2012.

REAL ACADEMIA ESPAÑOLA. Disponible en: <www.rae.es>. Accedido el: 10 jun. 2012.

RICHARDS, J. C. **La enseñanza comunicativa de lenguas extranjeras**. São Paulo: SBS, 2007.

SALAZAR, V. Gramática y enseñanza comunicativa del español lengua extranjera. **MarcoELE – Revista de Didáctica Español Como Lengua Extranjera**, n. 2, abr. 2006. Disponible en: <http://marcoele.com/gramatica-y-ensenanza-comunicativa-del-espanol-lengua-extranjera/>. Accedido el: : 21 jun. 2012.

SANTAMARÍA PÉREZ, M. I. **La enseñanza del léxico en español como lengua extranjera**. Alicante: Publicaciones de la Universidad de Alicante, 2006.

SANTOS, S. L. dos. **Revisitando o clítico <se> em espanhol**: uma proposta de análise das construções passivas, impessoais e reflexivas. 175 f. Dissertação (Mestrado em Linguística) – Universidade Federal do Paraná, Curitiba, 2004. Disponible en: <http://dspace.c3sl.ufpr.br/dspace/bitstream/handle/1884/24513/D%20-%20SANTOS,%20SEBASTIAO%20LOURENCO.pdf?sequence=1>. Accedido el: 26 jun. 2012.

SANZ, A. Corazón Partío. Intérprete: Alejandro Sanz. In: SANZ, A. **Más**. Milão: Warner Music Group, 1997. Faixa 3.

SARKHOSH, M.; SOLEIMANI, M.; ABDELI, J. A Closer Look at Noticing Hypothesis and Focus on Form: an Overview. **International Journal of Linguistics**, v. 4, n. 3, p. 179-190, 2012.

SCRIVENER, J. **Learning Teaching**. 2. ed. London: Macmillan, 2005.

TARALLO, F. **A pesquisa sociolinguística**. 5. ed. São Paulo: Ática, 1997.

THORNBURY, S. **How to Teach Grammar**. Harlow: Longman, 1999.

_____. **How to Teach Vocabulary**. Harlow: Longman, 2002.

TODOELE. **Materiales didácticos**: canciones Disponible en: <http://www.todoele.net/canciones/Cancion_list.asp>. Accedido el: 22 jun. 2012.

TRAVAGLIA, L. C. **Gramática e interação**: uma proposta para o ensino de gramática no 1º e 2º graus. 8. ed. São Paulo: Cortez, 2002.

VAQUERO DE RAMÍREZ, M. **El español de América I**: pronunciación. Madrid: Arco Libros,1996a.

_____. **El español de América II**: morfología y léxico. Madrid: Arco Libros, 1996b.

VER-TAAL. **Canciones**. Disponible en: <http://www.ver-taal.com/canciones.htm>. Accedido el: 21 jul. 2012.

VER-TAAL. **Ejercicios de vocabulario**. Disponible en: <http://www.ver-taal.com/vocabulario.htm>. Accedido el: 25 jun. 2012.

VITA LINGUA. Disponible en: <http://www.vitalingua.de>. Accedido el: 21 jul. 2012.

WIKICIONARIO. **Apéndice**: palabras más frecuentes del español. Disponible en: <http://es.wiktionary.org/wiki/Wikcionario:Palabras_m%C3%A1s_frecuentes_del_espa%C3%B1ol>. Accedido el: 22 jun. 2012.

WILLIS, J. **A Framework for Task-Based Learning**. Harlow: Longman, 1996.

WORDREFERENCE.COM. Disponible en: <http://www.wordreference.com>. Accedido el: 22 jun. 2012.

Bibliografía comentada

BECHARA, S. F.; MOURE, W. G. **¡Ojo! con los falsos amigos!**: dicionário de falsos cognatos em espanhol e português. São Paulo: Moderna, 1998.

Además de presentar una relación detallada de los falsos cognados, con ejemplos de uso y dibujos para muchas palabras, ese diccionario trae una introducción explicativa tratando de las dificultades que surgen en el uso del vocabulario al aprenderse lenguas tan cercanas y con tantos falsos amigos.

COTTERALL, S.; REINDERS, H. **Estratégias de estudo**: guia para professores. São Paulo: SBS, 2005.

De forma clara y didáctica, los autores presentan diferentes aspectos de la enseñanza de las estrategias de aprendizaje.

GIOVANNINI, A. et al. **Profesor en acción 1**: el proceso de aprendizaje. Madrid: Edelsa, 1996a.

Se trata de una importante referencia para aquellos que se interesan por la enseñanza del español. Ese libro plantea el proceso de aprendizaje de forma amplia, relacionando la teoría a la práctica en el aula.

GÓMEZ TORREGO, L. **Gramática didáctica del español**. 7. ed. Madrid: SM, 2000.

Además de una base teórica muy bien fundamentada, esa gramática ofrece ejercicios de autoevaluación al final de cada capítulo.

MUÑOZ, C. **Aprender idiomas**. Buenos Aires: Paidós, 2002.

En un lenguaje accesible y agradable, la autora trata de aspectos como las aptitudes para el aprendizaje de idiomas y las formas como aprendemos. Es una lectura que recomendamos tanto a los profesores como a los alumnos.

Clave de respuestas

Capítulo 1

Actividades de autoevaluación

1. d
2. c
3. b
4. d
5. c

Actividades de aprendizaje

Cuestión para reflexión

Algunas posibilidades son: Los pronombres personales, principalmente *usted* y *vos*, ya que su uso no coincide con *você* y *vós* del portugués; La terminación de

3ª persona de plural de los verbos en pretérito simple. En portugués, tenemos la terminación *–ram*: *sairam, jogaram*, etc. En español, la terminación es *–ron*: *salieron, jugaron*. La terminación *–rán*, con tilde, se refiere al tiempo futuro: *saldrán, jugarán*.

Los verbos irregulares en presente de indicativo, principalmente las diptongaciones (*quero > quiero, prefiro > prefiero, bebo > bebo*).

Capítulo 2

Actividades de autoevaluación

1. b
2. a
3. d
4. b
5. d

Actividades de aprendizaje

Cuestión para reflexión

Respuesta personal según el libro didáctico analizado.

Capítulo 3

Actividades de autoevaluación

1. b
2. c
3. a
4. b
5. d

Actividades de aprendizaje

Cuestión para reflexión

Probablemente el error se debe a la interferencia fonética. Se confunde *corro* (del portugués) con *cojo* (del español). Según la variante del español, es posible decir *corro para tomar/coger el autobús*. Ya **cojo tomar* sería algo como decir **pego tomar o ônibus*, en portugués.

Capítulo 4

Actividades de autoevaluación

1. a
2. b
3. a
4. b
5. d

Actividades de aprendizaje

Cuestión para reflexión

Las lenguas poseen ciertas restricciones para la combinación de palabras, o sea, algunas palabras pueden ir juntas y otras no (o por lo menos no siempre). Así, en español, el uso de *estar + prohibido/casado* es la norma. En los ejemplos analizados en portugués, estas restricciones no parecen tan rígidas, ya que hay ciertas construcciones que admiten también el uso de *estar + proibido/casado* (*Está/é proibido fumar em lugares públicos fechados / Você está proibida de falar sobre este assunto / Estou / Sou casada com José*).

Capítulo 5
Actividades de autoevaluación
1. c
2. a
3. b
4. a
5. d

Actividades de aprendizaje

Cuestión para reflexión

Respuesta personal.

Capítulo 6
Actividades de autoevaluación
1. d
2. b
3. c
4. c
5. d

Actividades de aprendizaje

Cuestión para reflexión

Las palabras (a) *ropa*, (b) *medicinas* y (c) *ir*, puesto que son formas más generales que abarcan y pueden, incluso, sustituir las otras palabras del mismo grupo.

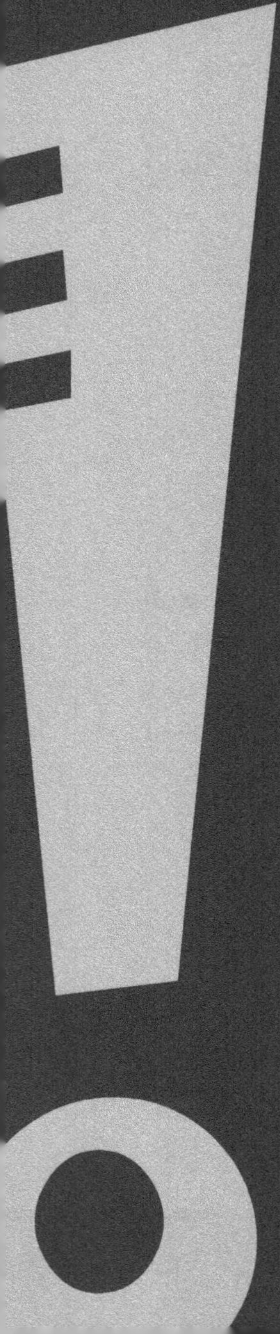

Sobre la autora

Luzia Schalkoski Dias

Es licenciada en Letras Portugués-Español por la Universidade Federal do Paraná (UFPR), donde también concluyó su maestría, con énfasis en la lengua española, y su investigación doctoral, cuyo foco fue el estudio pragmático-contrastivo de las estrategias de realización de peticiones y órdenes en portugués curitibano y en español montevideano. Es profesora de Lengua Española en el Centro Universitário Uninter y en la Pontifícia Universidade Católica do Paraná. También ha actuado como profesora invitada en diversos cursos de especialización. Es coautora del libro Estudos linguísticos: dos problemas estruturais aos novos campos de pesquisa *(Ibpex, 2008).*

Os papéis utilizados neste livro, certificados por instituições ambientais competentes, são recicláveis, provenientes de fontes renováveis e, portanto, um meio responsável e natural de informação e conhecimento.

FSC
www.fsc.org
MISTO
Papel produzido a partir de fontes responsáveis
FSC® C103535

Impressão: Reproset
Abril/2021